KB241615

 **COLUM BOOKS**

**스마트폰에서 콜롬북스 어플 설치하고 회원가입 후
MP3 파일을 다운받아 바로 듣자!!**

❶ 앱스토어 또는 구글플레이어 스토어에서 콜롬북스 어플을 설치한다.

❷ 회원가입 후 검색창에 도서 제목을 정확히 입력하거나 아래의 QR코드를 스캔한다.

❸ MP3 파일을 다운로드 해서 듣는다.

❹ 그외 더 다양한 서비스 이용가능

스마트폰에서 콜롬북스 어플을 설치한 후
QR코드를 대고 스캔하면
MP3 파일을 바로 다운로드 할 수 있습니다.

초등학교부터 시작하는

지니
초등영단어
VOCA

영어교재연구원 엮음

 도서
출판 예가

Contents

Contents

이 책의 활용법

● 단어마다 이해하기 쉽게 그림과 함께 익히며 한글발음표기가 되어있어 어렵지 않게 외울 수 있습니다.

초등학생의 영어는 쉽고 재미있게 학습할 수 있도록 도와주는 것이 중요합니다. 이 책은 영어를 처음 접하는 아이들이 혼자서도 단어를 쉽게 외울수 있도록 하였습니다.

● 단어와 예문을 함께 녹음한 MP3 CD를 들으면서 회화도 익히는 일석이조의 효과를 누릴수 있습니다.

영어의 4가지 영역을 모두 잘할려면 단어뿐만 아니라 회화도 함께 익히는 것이 좋습니다. 영단어 밑의 예문으로 회화의 수준을 업그레이드 시켜보세요!

● 단원이 끝날때마다 연습문제로 다시 한 번 확인할 수 있습니다.

영어는 끝임없이 외우는 무한반복입니다. 영단어를 외우고 나서는 자기가 얼마나 잘 알고 있는지 테스트 하는 것도 하나의 학습입니다. 연습문제에서는 재미있는 그림과 함께 그동안 외웠던 영단어를 바탕으로 영어의 실력을 쑥쑥 키워보세요.

● 초등학생에게 꼭 필요한 문법만을 골라서 본문 중간중간 수록하였습니다.

영어문법도 함께 익혀서 보다 완벽한 영어회화를 완성해 보세요.

※ 본서의 한글발음표기는 최대한 원어민의 발음에 맞도록 하려고 노력하였으며 약간의 차이는 있을 수 있습니다.

A a
에이

alarm
알람

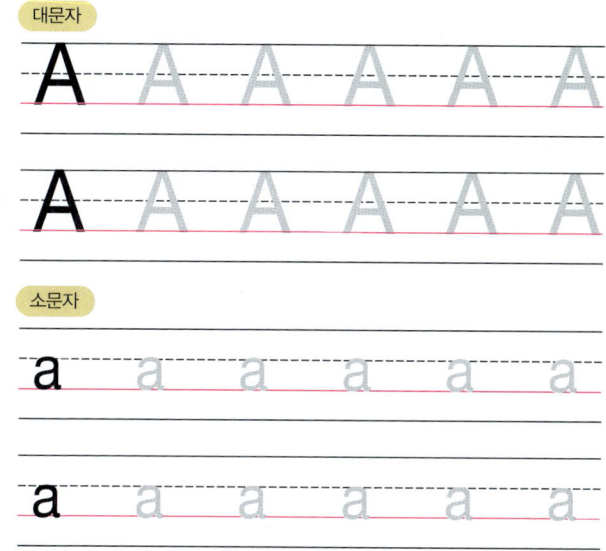

A A A A A A

A A A A A A

a a a a a a

a a a a a a

B b
비-

banana
바나나

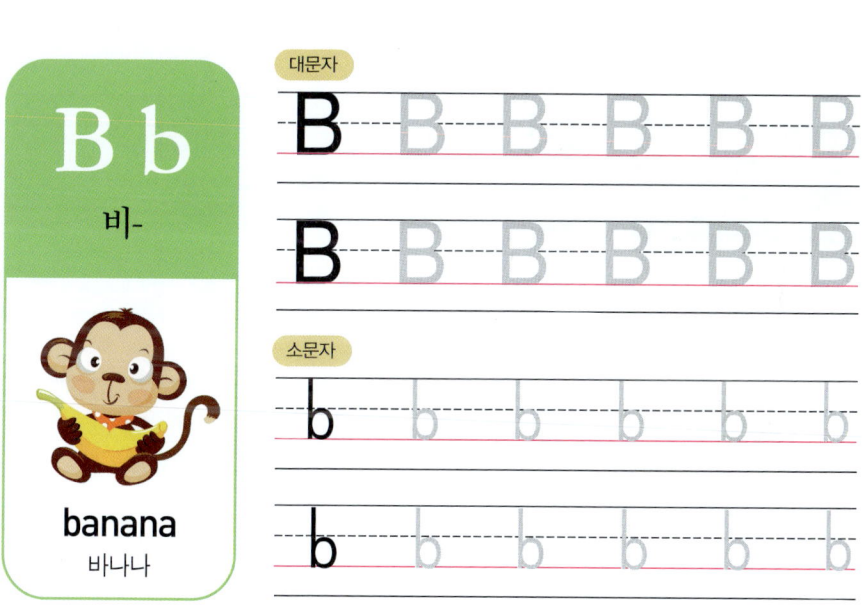

B B B B B B

B B B B B B

b b b b b b

b b b b b b

C c
씨-

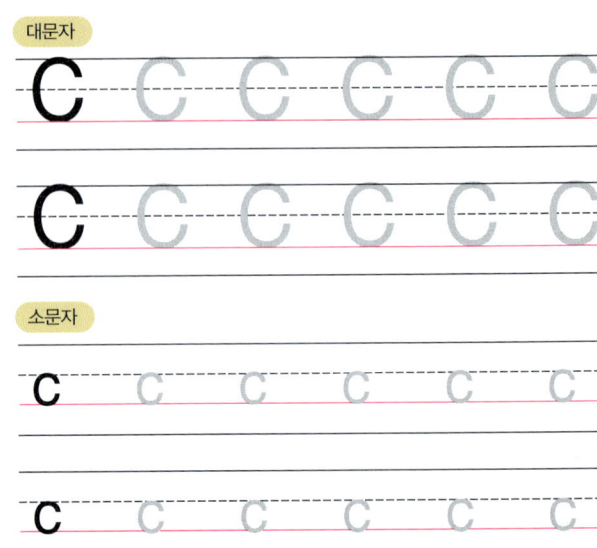

cold
추운

C C C C C C

C C C C C C

c c c c c c

c c c c c c

D d
디-

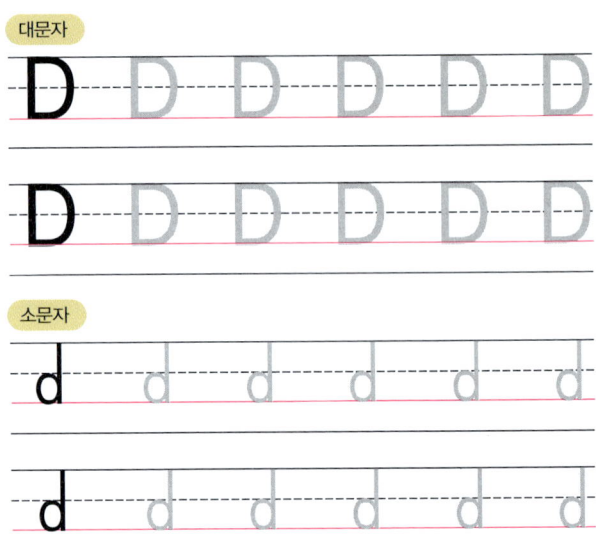

down
아래

D D D D D D

D D D D D D

d d d d d d

d d d d d d

E e
이-

elephant
코끼리

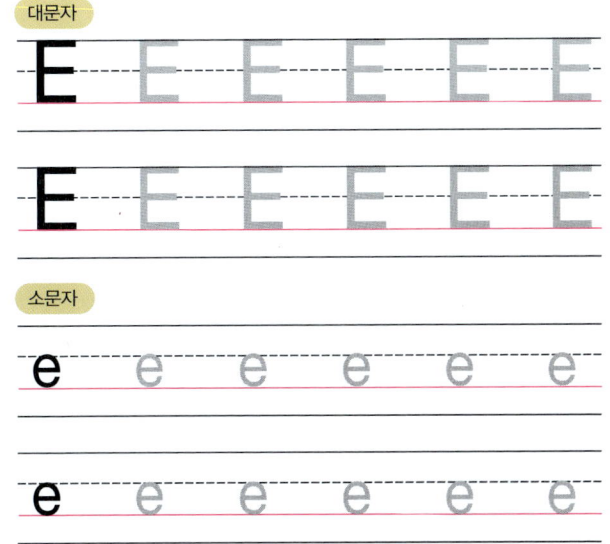

E E E E E E E

E E E E E E E

소문자

e e e e e e

e e e e e e

F f
에프

flag
깃발

대문자

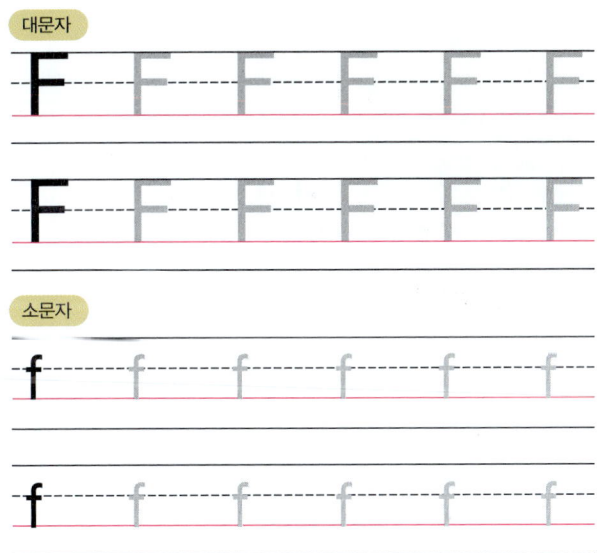

F F F F F F F

F F F F F F F

소문자

f f f f f f f

f f f f f f f

G g
쥐-

good
좋은

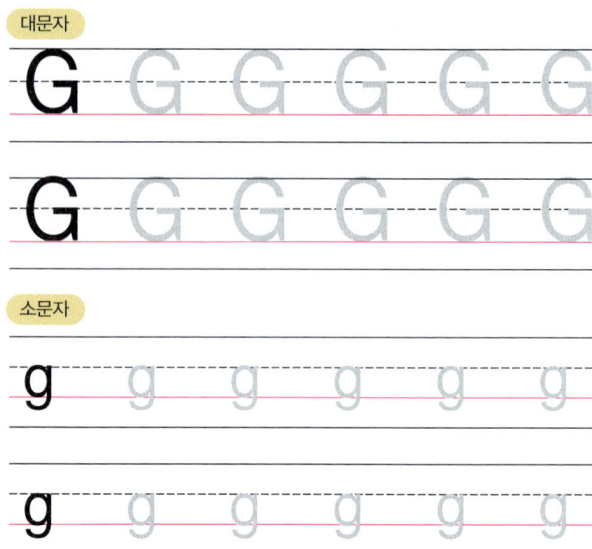

G G G G G G

G G G G G G

g g g g g g

g g g g g g

H h
에이치

hospital
병원

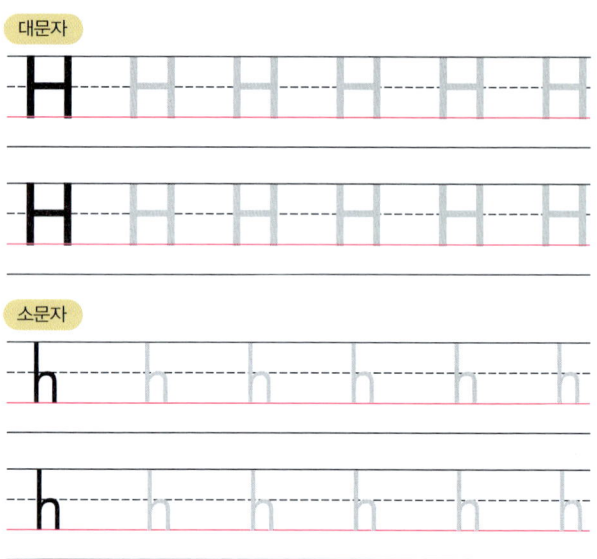

H H H H H H

H H H H H H

h h h h h h

h h h h h h

I i
아이

idle
게으른

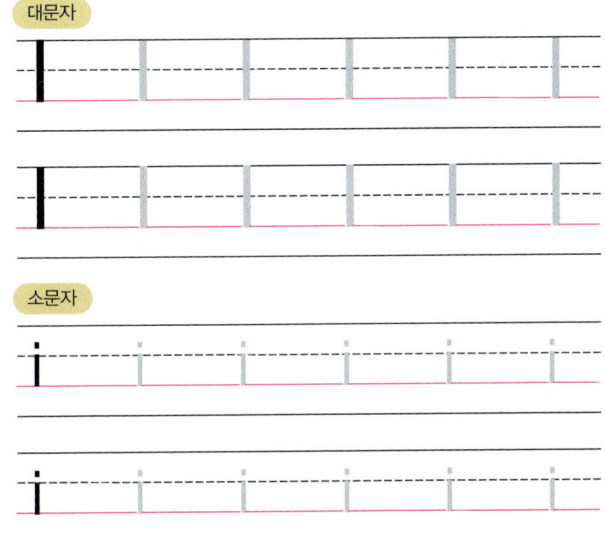

J j
제이

job
직업

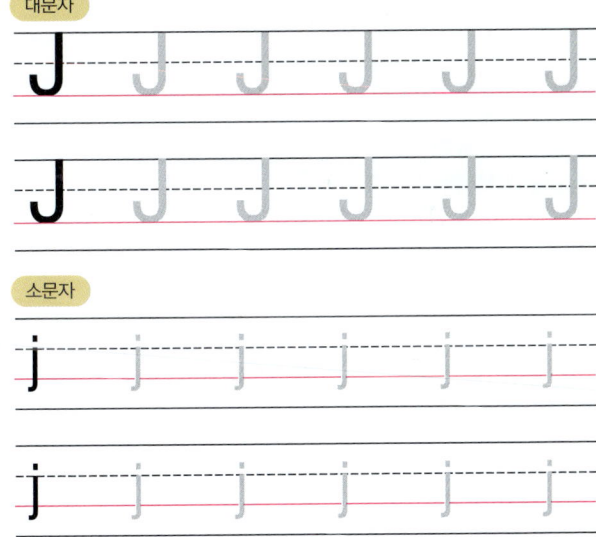

K k
케이

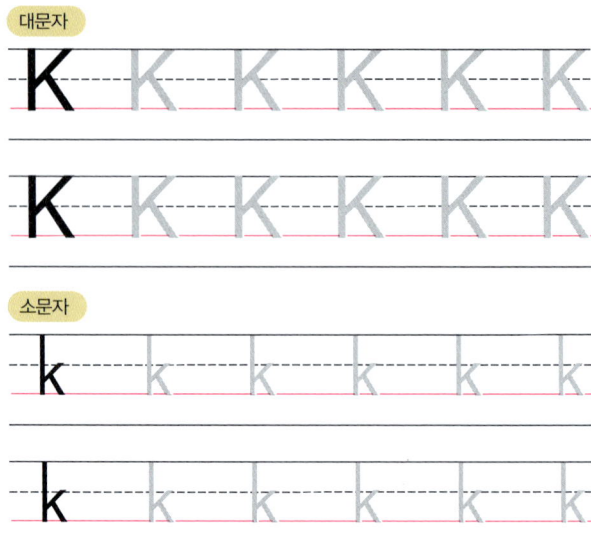

king
왕

K K K K K K

K K K K K K

k k k k k k

k k k k k k

L l
엘

loud
시끄러운

L L L L L L L

L L L L L L L

l l l l l l

l l l l l l

M m

엠

mail
메일

M M M M M M

M M M M M M

m m m m m m m

m m m m m m m

N n

엔

need
필요

N N N N N N

N N N N N N

n n n n n n

n n n n n n n

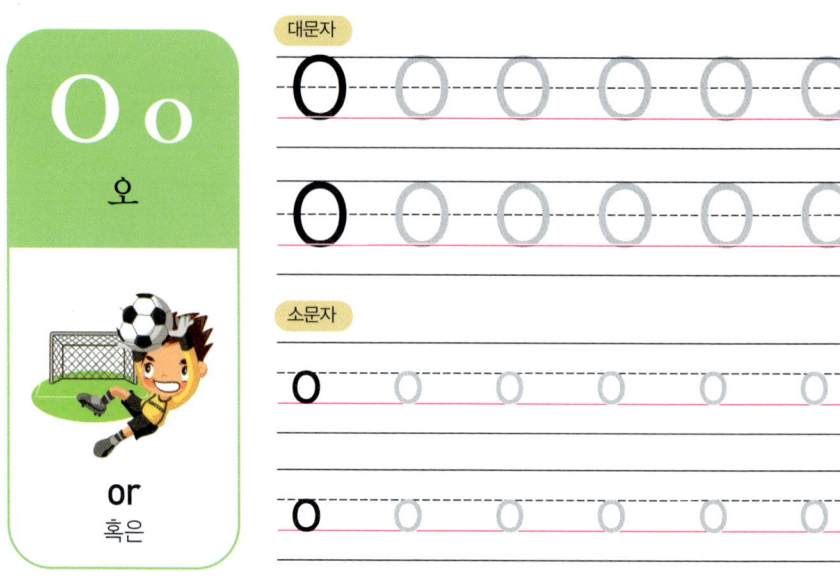

O o
오

or
혹은

O O O O O O

O O O O O O

o o o o o o

o o o o o o

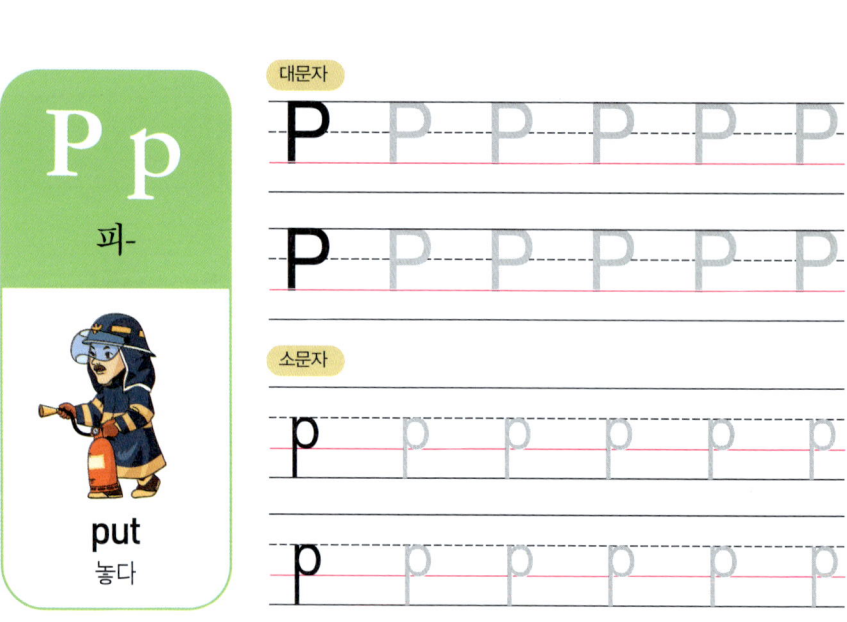

P p
피-

put
놓다

P P P P P P

P P P P P P

p p p p p p

p p p p p p

Q q
큐-

question
질문

대문자

Q Q Q Q Q Q

Q Q Q Q Q Q

소문자

q q q q q q

q q q q q q

R r
알-

run
달리기

대문자

R R R R R R

R R R R R R

소문자

r r r r r r

r r r r r r

13

S s
에스

swing
그네

S S S S S S

S S S S S S

s s s s s s

s s s s s s

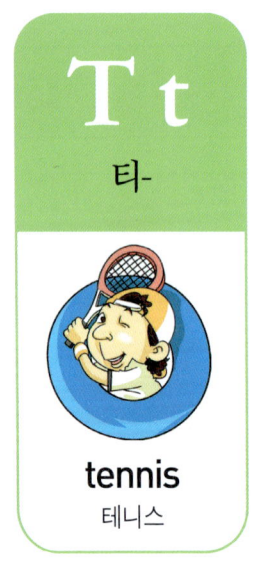

T t
티-

tennis
테니스

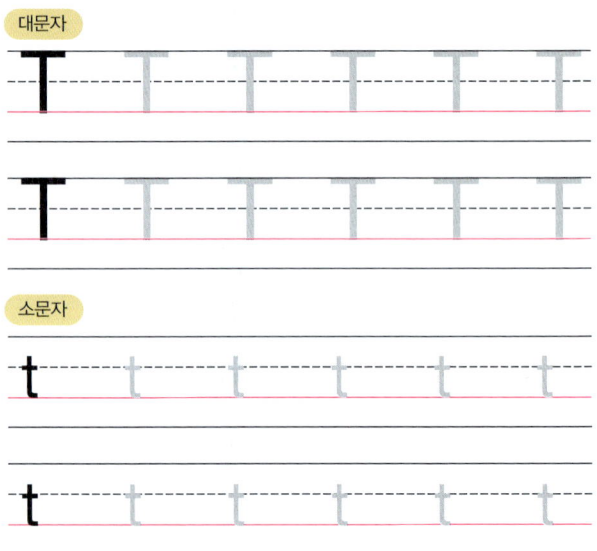

T T T T T T

T T T T T T

t t t t t t

t t t t t t

Uu

유-

usual
평소의

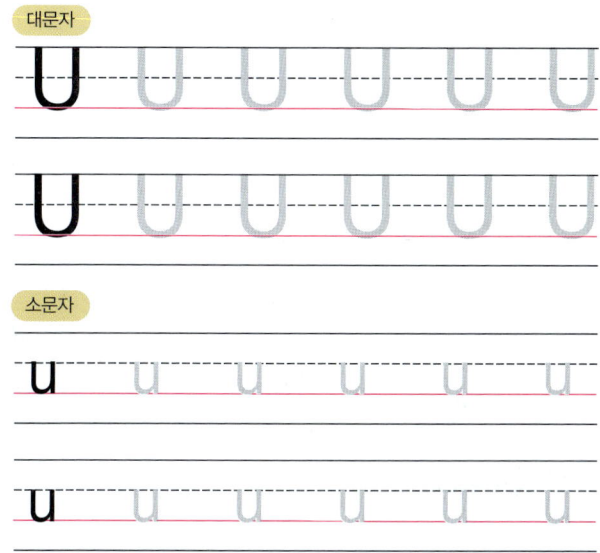

U U U U U U U

U U U U U U U

소문자

u u u u u u u

u u u u u u u

V v

브이

violin
바이올린

대문자

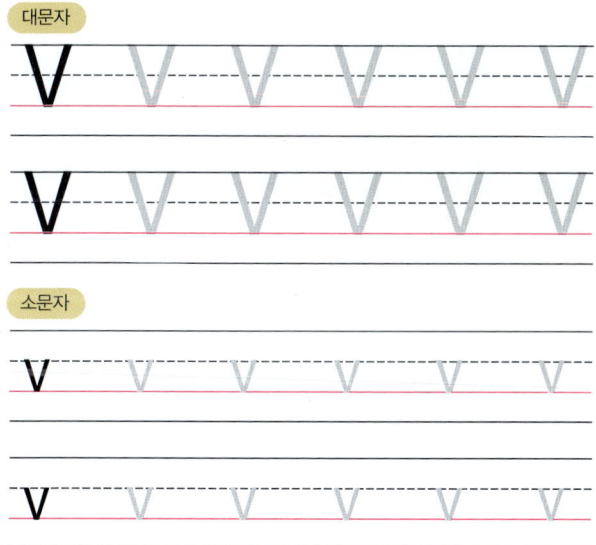

V V V V V V V

V V V V V V V

소문자

v v v v v v v

v v v v v v v

W w
더블유

winter
겨울

W W W W W W

W W W W W W

w w w w w

w w w w w

X x
엑스

Xmas
크리스마스

X X X X X

X X X X X

x x x x x

x x x x x

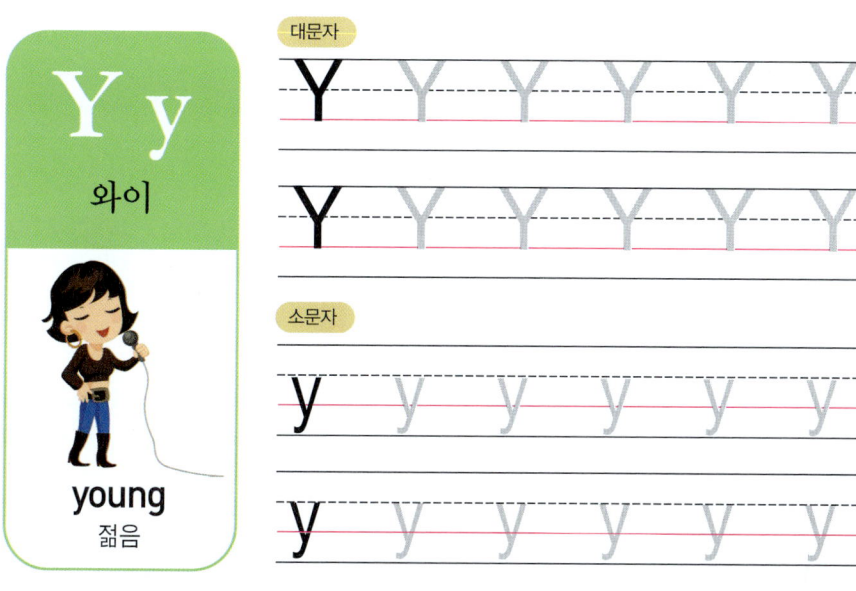

Y y
와이

young
젊음

대문자

Y Y Y Y Y Y

Y Y Y Y Y Y

소문자

y y y y y y

y y y y y y

Z z
지-

ZOO
동물원

대문자

Z Z Z Z Z Z

Z Z Z Z Z Z

소문자

z z z z z z

z z z z z z

a [ə:] 어 관 하나의

I am **a** boy.
아이 엠 어 보이
나는 소년입니다.

able [eibl] 에이블 형 능력있는, 재능있는

I've never been **able** to paint.
아이브 네버 빈 에이블 투 페인트
나는 그림을 그려 본 적이 없어요.

word never 일찍이 한 적 없다
paint 그리다

about [əbáut] 어바웃 　전 ~에 대하여, 약

He is about as tall as I.
히 이즈 어바웃 에즈 톨 에즈 아이

그는 나와 키가 같다

word tall 키 큰

absent [ǽbsənt] 앱센트 　형 결석한

Being sick, he was absent from school.
빙 씩 히 워즈 앱센트 프럼 스쿨

그는 아파서 학교에 결석하였습니다.

word sick 아픈

across [əkrɔ́:s] 어크로스 　전 가로질러, 건너서

We rowed across the river.
위 로드 어크로스 더 리버

우리는 강을 배로 저어 건넜습니다.

word rowed 배를 가로 젓다
river 강

A

act [ækt] 액트 **명** 행동, 행위 **형** 행동하다

Would you please act as my guide?
우드유 플리즈 액트 에즈 마이 가이드

안내해 주시겠습니까?

word guide 안내

actor [ǽktər] 액터 **명** 배우

I want to be a famous actor.
아이 원트 비 어 페이머스 액터

나는 유명한 배우가 되고 싶습니다.

word famous 유명한

address [ədrés] 어드레스 **명** 주소, 연설

Would you take me to this address, please?
우드유 테잌 미 투 디스 어드레스, 플리즈

이 주소로 데려다 주십시오.

word take 손에 잡다, 데리고 가다

adventure [ədvéntʃər] 어드밴쳐 　명 모험

It would be an amazing
adventure.

잇 우드 비 언 어매징 어드밴쳐

굉장한 모험이 될 것입니다.

word amazing 놀랄 정도의, 굉장한

afraid [əfréid] 어프레이드 　형 무서워하여, 두려워하여

I'm not **afraid** of you.

아임 낫 어프레이드 어브 유

나는 당신이 두렵지 않아요.

word not ～아니다

Africa [ǽfrikə] 애프리카 　명 아프리카

He lived happily in **Africa**.

히 리브드 해플리 인 애프리카

그는 아프리카에서 행복하게 살았습니다.

word lived 살다, 생애

Africa

after [金ftər] 애프터 전 뒤에, 다음에

He will leave **after** lunch.

히 윌 리브 애프터 런치

그는 점심 식사 후 떠날 예정이에요.

word leave 떠나다
lunch 점심

afternoon [金ftərnún] 애프터눈 명 오후

We don't have classes on Saturday **afternoon**.

위 돈ㅌ 해브 클래시즈 온 새러데이 애프터눈

우린 토요일 오후에 수업이 없습니다.

 word classes 수업 / Saturday 토요일

again [əgén] 어겐 부 또, 다시 한 번

Once **again** Christmas is on us.

원스 어겐 크리스마스 이즈 온 어스

또 다시 크리스마스가 다가옵니다.

age [eidʒ] 에이지 　명 나이, 연령

They are the same age.
데얼 더 세임 에이지

그들은 나이가 같습니다.

word same 같은

ago [əgóu] 어고 　부 전에

He retired a year ago.
히 리타이얼더 이어 어고

그는 일 년 전에 은퇴했습니다.

word retired 은퇴한
　　　year 연, 해

air [ɛər] 에어 　명 공기, 공중

The air here is so clean!
디 에어 히어 이즈 쏘 클린

여긴 공기가 무척 맑네요!

word here 여기에

airplane [έərplèin] 에어플래인 명 비행기(=plane)

The pilot is at the controls of the **airplane**.
더 파일럿 이즈 앳 더 컨트롤 디 에어플래인
그 조종사는 비행기를 조종하고 있습니다.

word pilot 조종사
controls 지배하다, 조종하다

airport [έərpɔ̀ːrt] 에어포트 명 공항, 비행장

I'll meet you at the **airport**.
아월 밋유 앳 디 에어포트
내가 공항으로 마중을 가겠습니다.

word meet 만나다, 마중하다

alarm [əláːrm] 알람 명 놀람, 경보, 자명종

My **alarm** clock didn't go off.
마이 알람 클락 디든트 고 오프
자명종이 울리지 않았습니다.

word clock 시계

album [ǽlbəm] 앨범 명 앨범, 사진첩

Let me see your family album.
렛 미 씨 유어 패밀리 앨범
당신의 가족 앨범을 좀 보아요.

word family 가족

all [ɔ:l] 올 대 모두, 전부

He is an all around man.
히 이즈 언 올 어라운드 맨
그는 무엇이든 할 수 있는 사람입니다.

word around 주위에, 여기저기에
man 사람

alligator [ǽligèitər] 앨리게이러 명 악어

Have you ever seen an alligator?
해뷰 에버 씬 언 엘리게이러
여러분은 악어를 본 적이 있나요?

word ever 일찍이 / seen 눈에 보이는

almost [ɔ́ːlmoust] 올모스트 📖거의, 대부분

This year is **almost** over.
디스 이어 이즈 올모스트 오버
이 해도 거의 저물어 가고 있습니다.

word over 넘어서, 저쪽으로

alone [əlóun] 얼론 📖홀로, 홀로이

I'd like to take the trip **alone**.
아이드 라잌 투 테잌 더 트립 얼론
나는 홀로 여행하고 싶습니다.

word like 좋아하다 / trip 여행

along [əlɔ́ːŋ] 얼롱 📖따라서 📖쪽, 계속

He went down **along** the street.
히 웬투 다운 얼롱 더 스트릿트
그는 길을 따라 내려갔습니다.

word down 아래로 / street 거리, 길

26

alphabet [ǽlfəbèt] 앨퍼벳　명 알파벳

Do you know the alphabet?
두 유 노 디 앨퍼벳
알파벳을 알고 있나요?

word know 알고 있다

always [ɔ́ːlweiz] 올웨이즈　부 항상, 언제나

I always think of you.
아이 올웨이즈 씽크 옵 유
나는 언제나 당신을 생각합니다.

word think 생각하다

a.m. [erem] 에이앰　명 오전(라틴어 ante meridiem의 약어)

It starts at 10 a.m.
잇츠 스타츠 앳 탠 에이앰
그것은 오전 10시에 시작합니다.

word start 시작

ambulance [ǽmbjuləns]
앰블런스   **명** 병원차, 구급차

An **ambulance** will arrive immediately
언 앰블런스 윌 얼라이브 이미디엇틀리
구급차가 곧 도착할 겁니다.

word will 할 작정이다 / right 정확한

America [əmérikə] 어메리카 **명** 미국, 아메리카 대륙

They depart for **America**.
데이 데파트 풔 어메리카
그들은 미국으로 떠났습니다.

word depart 떠나다

among [əmʌ́ŋ] 어몽 **전** 사이에, 가운데

His songs were once popular **among** youngsters.
히즈 송스 워 원스 퍼퓰러 어몽 영스터스
그의 노래는 한때 젊은이들 사이에서 인기가 있었습니다.

word song 노래 / popular 인기 있는

an [ǽn] 앤 관 하나의

Let me take an example.
렛 미 테이크 앤 이그잼플
내가 예를 하나 들겠습니다.

word example 예, 보기

and [ænd] 앤드 접 그리고

The air is fresh and the sky.
디 에어 이즈 프래쉬 앤더 스카이
공기도 신선하고 하늘도 맑습니다.

word air 공기 / fresh 신선한
sky 하늘

angel [éindʒəl] 앤절 명 천사

The angel is on a cloud.
디 앤절 이즈 온 어 클라우드
천사가 구름 위에 있습니다.

word cloud 구름

angry [ǽŋgri] 앵그리 형 화난, 성난

Why do you think he got so **angry**.

와이 두유 씽크 히 갓 쏘 앵그리

그가 화를 왜 냈다고 생각합니까?

word why 왜, 어째서
think 생각하다

animal [ǽnəməl] 애너멀 명 동물, 짐승

I like **animals**.

아이 라이크 애너멀스

나는 동물을 좋아합니다.

word like 좋아하다

answer [ǽnsər] 앤써 명 대답 동 대답하다

Please **answer** my question.

플리즈 앤서 마이 퀘스천

내 질문에 답을 하십시오.

word question 질문

ant [ænt] 앤트 명 개미

The ant is famous for hard work.

디 앤트 이즈 페이머스 풔 하드 워크

개미는 열심히 일하는 것으로 유명합니다.

word famous 유명한 / hard 굳은
work 일

any [éni] 애니 형 어떤, 무슨, 무언가

Is there any easy game?

이즈 데어 애니 이지 게임

쉬운 게임이 있습니까?

word there 거기 / easy 쉬운
game 게임

anyone [éniwʌ́n] 애니원 대 누구도, 누군가

Did you notice anyone come in?

디쥬 노티스 애니원 컴 인

누가 들어오는 것을 알았나요?

word notice 주의, 주목
come 오다

anything [éniθìŋ] 애니씽 **대** 무엇이든, 아무 것도

Human power is equal to **anything**.
휴먼 파워 이즈 이콜 투 애니씽
무엇이든 사람의 힘으로 안 될 일이 없습니다.

word human 사람의, 인간의
power 힘 / equal 같은

apartment [əpáːrtmənt] 아파트먼트 **명** 아파트

I don't like **apartments**.
아이 돈트 라이크 아파트먼트
나는 아파트 생활을 싫어합니다.

word like 좋아하다

apple [ǽpl] 애플 **명** 사과

Half of the **apple** is rotten.
하프 업 디 애플 이즈 러든
그 사과의 반은 썩었습니다.

word half 반
rotten 썩은

32

# April [éiprəl] 에이프럴 	명 4월

Weather in April is fickle as fortune.
웨더 인 에이프럴 이즈 피클 애즈 포춘
4월의 날씨는 몹시 변덕스럽습니다.

word weather 날씨 / fickle 변덕스러운
fortune 운, 상당한

# apron [éiprən] 에이프런 	명 앞치마

My sister is wearing an apron.
마이 시스터 이즈 웨어링 언 에이프런
나의 여동생은 앞치마를 입고 있습니다.

word sister 여동생
wearing 입을 수 있는

# area [ɛ́əriə] 에어리어 	명 지역, 구역

I don't know this area well myself.
아이 돈트 노 디스 에어리어 웰 마이 셀프
저도 이 지역은 잘 모릅니다.

word know 알다
myself 나 자신

arm [ɑːrm] 암 **명** 팔

She had her **arms** round
the son.
쉬 헤드 허 암스 라운드 더 선
그녀는 아들을 팔로 껴안았어요.

word round 둥근
son 아들

around [əràund] 어라운드 **전** 주위에, 둘레에

The earth turns **around**
the sun.
디 얼쓰 턴즈 어라운드 더 썬
지구가 태양의 주위를 돕니다.

word earth 지구 / turns 돌다
sun 태양

arrive [əráiv] 얼라이브 **동** 도착하다

When did you **arrive** at
the station?
웬 디드 유 얼라이브 앳 더 스테이션
언제 역에 도착하였습니까?

word when 언제 / station 역

arrow [ǽrou] 앨로우 명 화살, 화살표

Follow the arrows.
팔로우 디 엘로우스

화살표를 따라가세요.

word follow 따라가다

art [ɑ:rt] 아트 명 예술, 미술

I often go to art galleries.
아이 오픈 고 투 아트 갤러리스

나는 미술관에 자주 갑니다.

word often 자주, 종종 / go 가다
gallerie 화랑, 미술관

artist [ɑ́:rtist] 아티스트 명 예술가

I'm an artist.
아임 언 아티스트

나는 예술가입니다.

as [æz] 애즈 [부] 만큼

She's not **as** pretty as her sister.

쉬즈 낫 애즈 프리티 애즈 허 시스터

그녀는 여동생만큼 예쁘지 않습니다.

word pretty 예쁜, 귀여운 / her 그 여자의
sister 여자 형제

ask [æsk] 애스크 [동] 묻다, 질문하다

Permit me to **ask** you a question?

퍼밋 미 투 애스크 유 어 퀘스천

한 가지 질문해도 괜찮을까요?

word permit 허락하다 / question 질문

asleep [əslíːp] 어슬립 [형] 잠들어 있는

He is **asleep**.

히 이즈 어슬립

그는 자고 있습니다.

astronaut [ǽstrənɔ̀ːt] 애스트로넛트 명 우주비행사

She is Korea's first **astronaut**.

쉬 이즈 코리아스 퍼스트 애스트로넛트

그녀는 한국 최초의 우주비행사입니다.

word first 첫 번째의, 최초의

at [æt] 앳 전 때에(시간), ~에서(장소)

A postman is **at** the door.

어 포스트맨 이즈 앳 더 도어

우체부가 문 앞에 서 있습니다.

word postman 우체부
door 문

attend [əténd] 어텐드 동 출석하다, 등교하다

I **attend** school everyday.

아이 어텐드 스쿨 에브리데이

나는 매일 학교에 등교합니다.

word school 학교
everyday 매일의

A

attention [əténʃən] 어텐션 명 주의, 주목

He was all attention.
히 워즈 올 어텐션
그는 모든 주의를 기울였습니다.

word he 그는
all 모든

August [ɔːgʌ́st] 어거스트 명 8월

The heat in August is intolerable.
더 힛트 인 어거스트 이즈 인톨러에비블
8월의 더위는 정말 참기 힘들어요.

word heat 더위, 열
intolerable 견딜 수 없는

aunt [ænt] 앤트 명 숙모, 고모, 이모, 아주머니

My aunt always remembers my birthday.
마이 앤트 올웨이즈 리멤버스 마이 벌쓰데이
나의 이모는 항상 내 생일을 잊지 않으십니다.

word always 늘, 항상
birthday 생일

autumn [ɔ́ːtəm] 오텀 [명] 가을

What colors do the leaves turn in autumn?

왓 칼라스 두 더 리브스 턴 인 오텀

나뭇잎은 가을에 어떤 색으로 바뀝니까?

word color 색 / leave 떠나다
turn 돌리다, 뒤엎다

가을이구나...

awake [əwéik] 어웨이크 [동] 깨우다, 눈뜨게 하다

I am awake to my full mind.

아이 엠 어웨이크 투 마이 풀 마인드

나는 완전히 깨어있습니다.

word full 가득한, 충분한
mind 마음, 기억

away [əwéi] 어웨이 [부] 멀리, 떨어져서, 저쪽에

They went away and did not return.

데이 웬트 어웨이 앤 디드 낫 리턴

그들은 멀리 가버리고 돌아오지 않았습니다.

word return 되돌아가다

1월
January
(Jan)

2월
February
(Feb)

3월
March
(Mar)

4월
April
(Apr)

5월
May
(May)

6월
June
(Jun)

7월
July
(Jul)

8월
August
(Aug)

9월
September
(Sep, Sept)

10월
October
(Oct)

11월
November
(Nov)

12월
December
(Dec)

acorn 도토리　　**apron** 앞치마　　**ant** 개미　　**airplane** 비행기　　**apartment** 아파트　　**apple** 사과

exercise Ａ 위의 단어를 보고 괄호 안에 들어갈 알맞은 단어를 줄로 이으세요.

❶ apron ●　　● The ( ) is famous for hard work.
개미는 열심히 일하는 것으로 유명합니다.

❷ apple ●　　● The pilot is at the controls of the ( ).
그 조종사는 비행기를 조종하고 있습니다.

❸ apartments ●　　● ( ) are a squirrel's favorite food.
도토리는 다람쥐가 좋아하는 음식입니다.

❹ ant ●　　● Half of the ( ) is rotten.
그 사과의 반은 썩었습니다.

❺ airplane ●　　● My sister is wearing an ( ).
나의 여동생은 앞치마를 입고 있습니다.

❻ acorns ●　　● I don't like ( ).
나는 아파트 생활을 싫어합니다.

baby [béibi] 베이비 **명** 아기

The **baby** is sucking away at a feeding bottle.

더 베이비 이즈 서킹 어웨이 앳어 피딩 바더

아기는 젖병을 계속 빨고 있습니다.

word sucking 젖을 빠는 / feeding 먹음
bottle 병

back [bæk] 백 **명** 등 **부** 뒤로

I'll be **back** in a couple of minutes.

아일 비 백 인어 커플 어브 미닛츠

잠시 후에 돌아오겠습니다.

word couple 한 쌍, 둘
minute 분

backward [bǽkdwərd] 백월드 [형] 뒤에

Can you say the alphabet backward?

캔 유 세이 디 알파벳 백월드

알파벳을 거꾸로 외울 수 있어요?

word say 말하다 / alphabet 알파벳

bad [bæd] 배드 [형] 나쁜, 옳지 않은

There'll always be bad things.

데어월 올웨이즈 비 배드 씽

나쁜 일은 늘 있기 마련입니다.

word thing 것, 물건, 물체

마이 아파~

badminton [bǽdmintən] 배드민턴 [명] 배드민턴

Many people play badminton in the park.

매니 피플 플레이 배드민턴 인 더 파크

많은 사람들이 공원에서 배드민턴을 칩니다.

word many 많은 / people 사람들

bag [bæg] 백 명 자루, 가방

What is this bag made of?
왓이즈 디스 백 메이더웁

이 가방은 무엇으로 만든 것입니까?

word made 만들어진

bakery [béikəri] 베이커리 명 제과점

I was told there is a bakery near here.
아이 워즈 톨드 데어 이즈 어 베이커리 니어 히어

이 근처에 제과점이 있다고 들었습니다.

word there 거기에 / near 가까이
here 여기에

ball [bɔːl] 볼 명 공

The ball landed on the line.
더 볼 랜디드 온 더 라인

공이 라인 위에 떨어졌어요.

word landed 땅의
line 선

balloon [bəlúːn] 벌룬 명 풍선

The **balloon** ascended high up in the sky.
더 벌룬 어센디드 하이업 인 더 스카이
풍선이 하늘 높이 올라갔습니다.

word ascend 올라가다
high 높이

banana [bənǽnə] 버내나 명 바나나

Mom, Can I eat this **banana**?
맘, 캔아이 잇 디스 버내나
엄마, 이 바나나 먹어도 돼요?

band [bænd] 밴드 명 밴드, 악단

The **band** is on in ten minutes.
더 밴드 이즈 온인 텐 미닛츠
그 밴드는 십분 후 공연합니다.

word ten 십
minute 분

bank [bæŋk] 뱅크 **명** 은행

Bank business is thriving.
뱅크 비즈니스 이즈 트라이빙
은행업은 번창하고 있습니다.

word business 사업, 장사
thriving 번창하는

base [beis] 베이스 **명** 바닥, 밑면, (야구의) 베이스

That vase is on a wooden **base**.
댓 베이스즈 온어 우든 베이스
그 꽃병은 나무받침 위에 있습니다.

word vase 꽃병
wooden 나무로 만든

baseball [béisbɔ̀ːl] 베이스볼 **명** 야구

He is on a **baseball** team.
히 이즈 온어 베이스볼 팀
그는 야구팀에 속해 있어요.

word team 팀

basket [bǽskit] 베스켓 명 바구니

What is your basket?
왓 이즈 유어 베스켓
어떤 것이 당신의 바구니입니까?

bat [bæt] 벳트 명 방망이, 배트

He swung the bat and hit the ball.
히 스왕 더 뱃 앤 힛 더 볼
그는 방망이를 휘둘러 공을 쳤습니다.

word swung swing(휘두름)의 과거 과거분사
hit 치다

bath [bæθ] 베쓰 명 목욕

I'd like to have fresh bath towels.
아이드 라잌 투 해브 프레쉬 베쓰 타월스
새 목욕수건이 필요합니다.

word fresh 새로운 / towel 타월

B

be [biː] 비 동 ~이다, ~이 되다

It will be very hot this summer.

잇 윌비 베리 핫 디스 썸머

올 여름은 무척 더울 것입니다.

word very 매우, 무척 / hot 뜨거운
summer 여름

beach [biːtʃ] 비취 명 해변, 바닷가

I'm going to the beach now.

아임 고잉 투 더 비취 나우

바닷가에 다녀오겠습니다.

word going 가기
now 지금, 현재

bean [biːn] 빈 명 콩

The beans cropped well that year.

더 빈스 크랍드 웰 댓 이어

그 해는 콩이 잘 되었습니다.

word crop 수확, 곡물 / well 잘 / year 해

bear [bɛər] 베어 명곰

Have you seen a real **bear**?
해뷰 씬 어 리얼 베어
곰을 정말 본 적이 있습니까?

(word) real 진실의, 진짜의

beautiful [bjúːtəfəl] 뷰리플 형아름다운, 예쁜

You are delicate and **beautiful** like a rose.
유 알 델리케이트 앤 뷰리플 라이커 로즈
당신은 장미처럼 우아하고 아름답습니다.

(word) delicate 우아한
rose 장미

눈을뗄수가 없어
WoW

because [bikɔ́ːz] 비커즈 접왜냐하면, 때문에

I couldn't study **because** I had guests.
아이 쿠든트 스터디 비커즈 아이 해드 게스트스
손님이 계시기 때문에 공부를 할 수가 없었습니다.

(word) study 공부
guest 손님

필승

49

become [bikʌm] 비컴 동 되다

He has **become** a scientist.
히 해즈 비컴 어 사이언티스트
그는 과학자가 되었습니다.

word scientist 과학자

bed [bed] 배드 명 침대

It's time to get out of **bed** now.
잇츠 타임 투 겟 아웃업 배드 나우
지금 침대에서 나올 시간입니다.

word time 시간 / get 얻다
now 지금

bedroom [bédrù:m] 배드룸 명 침실

My **bedroom** is just above.
마이 배드룸 이즈 저숫 어버브
내 침실은 바로 위에 있습니다.

word just 올바른, 공정한
above 위쪽에

bee [biː] 비 **명** 벌

A **bee** stung my arm.
어 비 스텅 마이 암
벌이 내 팔을 쏘았습니다.

word stung sting(찌르다)의 과거분사
arm 팔

beef [biːf] 비프 **명** 쇠고기

I'd like to have a **beef** hamburger.
아이드 라잌 투 해브 어 비프 햄버거
쇠고기 햄버거를 먹고 싶어요.

word like 좋아하다
hamburger 햄버거

before [bifɔ́ːr] 비포어 **전** 앞에, 전에

The train started just **before** he reached the station.
더 트레인 스타트이드 저슷 비포어 히 리춰더 스테이션
그가 역에 도착하기 바로 전에 기차가 출발하였습니다.

word train 열차 / start 출발하다
reach 도달하다 / station 역, 정거장

beg [beg] 베그 (통) 조르다, 청하다

She **begged** me to buy some toys.

쉬 베그드 미 투 바이 섬 토이즈

그녀는 장난감을 사달라고 계속 졸라댔어요.

word buy 사다
him 그에게 / toy 장난감

begin [bigín] 비긴 (통) 시작하다

The class usually **begins** at eight o'clock.

더 클래스 유주얼리 비긴스 앳 에잇 어클락

수업은 보통 여덟시에 시작합니다.

word class 수업 / usually 보통
eight 여덟 / o'clock 시

behind [biháind] 비하인드 (전) 뒤에

It's **behind** this park.

잇츠 비하인드 디스 파크

이 공원 뒤에 있습니다.

word park 공원

bell [bel] 벨 **명** 종, 방울

The **bell** has already rung, sir.

더 벨 해즈 얼레디 렁 써

선생님, 종이 울렸습니다.

word already 이미, 벌써 / sir 선생님

below [bilóu] 빌로우 **전** 밑에, 아래에

The sun is going down **below** the horizon.

더 선 이즈 고잉 다운 빌로더 호라이즌

태양이 수평선 너머로 지고 있습니다.

word sun 태양 / going 가기, 진행 중인
down 내려가다 / horizon 수평선

belt [belt] 벨트 **명** 띠, 벨트

The man is putting on a **belt**.

더 맨 이즈 풋팅 온 어 벨트

남자가 벨트를 매고 있습니다.

word man 남자 / put 더하다, 붙이다

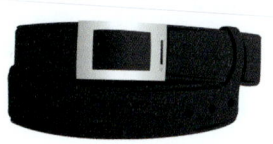

53

bench [bentʃ] 벤치 명 벤치, 긴 의자

The **benches** need repainting.

더 벤치이즈 니드 리페인팅

벤치를 다시 고칠 필요가 있습니다.

word need 필요
repainting 수리하다

beside [bisáid] 비사이드 전 옆에

She sat **beside** me all night.

쉬 셋 비사이드 미 올 나잇트

그녀는 밤새 내 옆에 앉아 있었습니다.

word sat sit의 과거분사 / me 나에게
all 모든 / night 밤

best [best] 베스트 형 가장 좋은, 최고의, 최선

I put out my **best** efforts.

아이 풋아웃 마이 베슷 에퍼스

나는 최선의 노력을 다했습니다.

word put 놓다
effort 노력

between [bitwíːn] 비트윈 <u>전</u> 사이에

She put some distance **between** you and me.
쉬 풋 썸 디스텐스 비트윈 유앤미
그녀가 우리 둘 사이를 멀어지게 했습니다.

`word` put 놓다 / some 조금
distance 거리, 간격

bible [báibəl] 바이블 <u>명</u> 성서

She reads the **Bible** everyday.
쉬 리즈 더 바이블 에브리데이
그녀는 매일 성경을 읽습니다.

`word` read 읽다
everyday 매일

bicycle [báisikəl] 바이시컬 <u>명</u> 자전거

A girl is riding a **bicycle**.
어 걸 이즈 라이딩 어 바이시컬
한 소녀가 자전거를 타고 있습니다.

`word` ride 타다, 타고 가다

big [big] 빅 형큰, 커다란

I'd buy a big boat and
sail around the world.

아이드 바이어 빅 보트 앤 세일 어라운더 월드

난 큰 보트를 사서 온 세계를 항해하겠어요.

word buy 사다 / boat 보트 / sail 돛
around 여기저기에 / world 세계

bird [bəːrd] 버드 명새

The bird fell prey to the eagle.

더 버드 펠 프레이투 디 이글

그 새가 독수리의 먹이가 되었습니다.

word fell 사나운 / prey 먹이
eagle 독수리

birthday [bə́ːrθdèi] 벌쓰데이 명생일

Happy birthday to you!

해피 벌쓰데이 투 유

생일 축하합니다.

word happy 행복한

black [blæk] 블랙 형 검은 명 검은색

I take it black with no sugar.
아이 테이킷 블랙 위드 노 슈거
설탕 없이 블랙으로 마시겠어요.

word take 손에 잡다, 쥐다
     sugar 설탕

B

blackboard [blǽkbɔ̀ːrd] 명 칠판
블랙보드

Write the answer on the blackboard.
와잇 디 앤서 온 더 블랙보드
칠판에다 답을 쓰십시오.

word write 쓰다 / answer 해답

blanket [blǽŋkit] 블랭켓 명 담요

Can I have another blanket please?
캔 아이 해브 언어덜 블랭켓 플리즈
담요 한 장 더 갖다 주시겠어요?

word another 또 하나

blow [blou] 블로우 동 바람이 불다, (입으로)불다

It's time to **blow** out your candles.
잇츠 타임투 블로우 아웃 유어 캔들즈
촛불을 끌 시간이에요.

word time 시간 / candle 초

blue [blu:] 블루 형 파란, 푸른

Look up that **blue** wave.
룩업 댓 블루 웨이브
저 푸른 물결을 보십시오.

word look 보다, 바라보다
wave 파도, 물결

board [bɔːrd] 보드 명 널빤지, 게시판

The girl is looking at the **board**.
더 걸 이즈 룩킹 앳더 보드
소녀가 게시판을 보고 있습니다.

word girl 소녀
looking ~으로 보이는

58

boat [bout] 보트 명 보트, 작은 배

The **boat** floated on the water.

더 보트 플로드 온 더 워러

배가 물 위에 떠 있었습니다.

word float 뜨다 / water 물

---

body [bádi] 바디 명 몸, 신체

How do you keep your **body** in shape?

하우 두 유 킵 유어 바디 인 쉐이프

어떻게 그렇게 몸매가 날씬하세요?

word how 어떻게
keep ~한 상태로 간직하다 / shape 모양

---

boil [bɔil] 보일 동 끓다

The water was bubbling and **boiling** away.

더 워러 워즈 버블링 앤 보일링 어웨이

물이 보글보글 끓고 있었다.

word water 물 / bubbling 기운이 넘치는
away 잇따라

book [buk] 북 명 책

Select the book you want.
셀렉트 더 북 유 원트
갖고 싶은 책을 고르세요.

word select 선택하다, 고르다
　　　 want 탐내다, 갖고 싶다

boot [buːt] 부츠 명 장화, 부츠

He is putting on her boots.
히 이즈 풋팅 온 허 부츠
그는 장화를 신고 있어요.

word put 밀다

borrow [bɔ́(ː)rou] 발로우 동 빌리다

Can I borrow your umbrella?
캔 아이 발로우 유어 언블렐라
우산 좀 빌릴 수 있을까요?

word umbrella 우산

both [bouθ] 보스 때 양쪽의, 둘 다의

And they **both** stop at
the stadium.
앤 데이 보스 스탑 앳 더 스테디엄
둘 다 경기장에 정차해요.

word stop 멈추다 / stadium 경기장

B

bottle [bátl] 바를 명 병

The **bottle** has a long neck.
더 바를 해즈 어 롱 넥
그 병은 목이 깁니다.

word long 긴
neck 목

bow [bau] 바우 명 인사 동 인사하다

With a **bow** he vanished
into his room.
위더 바우 히 베니쉬드 인투 히즈 룸
그는 꾸벅 절을 하고 방 안으로 사라졌습니다.

word with ~와 함께 / vanishe 사라지다
into ~안으로 / room 방

bowl [boul] 볼 명 주발, 사발, 그릇

Put popcorn in a large bowl.
풋 팝콘 인어 라지 볼
팝콘을 큰 그릇에 넣으시오.

word popcorn 팝콘
　　 large 큰

box [bɑks] 박스 명 상자

There is nothing in this box.
데어이즈 낫씽 인 디스 박스
상자 안에는 아무것도 없습니다.

word nothing 아무 것

boy [bɔi] 보이 명 소년, 사내아이

The boy was meek as a lamb.
더 보이 워즈 믹 에져 램
그 소년은 양처럼 온순합니다.

word meek 온순한
　　 lamb 어린 양, 유순한 사람

bread [bred] 브레드 명 빵

Bread is sold at a bakery.
브레드 이즈 솔드 앳어 베이커리
빵은 빵집에서 팔립니다.

word sold 팔다
bakery 빵집, 제과점

break [breik] 브레이크 동 깨다, 부수다

I will not **break** my promise.
아이윌 낫 브레이크 마이 프라미스
약속을 깨뜨리지 않겠습니다.

word will ~일(할) 것이다
promise 약속

breakfast [brékfəst] 브랙퍼스트 명 아침식사

Do I have to order
breakfast now?
두 아이 해브 투 오더 브랙퍼스트 나우
아침식사를 지금 주문해도 됩니까?

word order 주문 / now 지금

bridge [bridʒ] 브릿지 명 다리, 교량

There is a bridge across the river.

데어 이져 브릿지 어크로스 더 리버

다리는 강을 가로질러 있습니다.

word across 가로 건너서
river 강

bright [brait] 브라이트 형 밝은, 눈부신, 빛나는

Bright lights attract moths.

브라이트 라잇츠 어트랙트 머스

밝은 빛은 나방을 유인합니다.

word light 빛 / attract 끌다
moth 나방

bring [briŋ] 브링 동 가져오다, 데려오다

Bring a bucket of money.

브링 어 버켓 오브 머니

돈을 많이 가지고 오십시오.

word bucket 양동이, 두레박
money 돈

64

broadcast [brɔ́ːdkæst] 브로드케스트 통 방송하다

The **broadcast** begins at 6 a.m.
더 브러드케스트 비긴즈 앳 식스 에이엠
방송 시작은 오전 6시입니다.

word begin 시작하다

B

brother [brʌ́ðər] 브라더 명 형제, 형, 오빠, 남동생

I got my **brother** to wash the car.
아이 갓 마이 브라더 투 워시더 카
나는 동생에게 차를 닦으라고 시켰습니다.

word wash 씻다 / car 차, 자동차

brown [braun] 브라운 명 갈색, 밤색 형 갈색의, 밤색의

Brown doesn't suit you.
브라운 더즌트 숫 유
당신한테는 갈색 정장이 어울리지 않아요.

word suit 정장, 옷

brush [brʌʃ] 브러쉬 명 솔

He dipped the brush into the paint.
히 딥피더 브러쉬 인투 더 페인트
그가 솔을 페인트에 살짝 담갔습니다.

word dip 담그다
into ~안으로 / paint 페인트

build [bild] 빌드 동 짓다, 세우다

How long does it take to build a house?
하우 롱 더즈 잇 테잌 투 빌드 어 하우스
집을 하나 짓는 데 얼마나 걸립니까?

word long 긴
house 집

burn [bəːrn] 번 동 타다, 태우다

Turn the heat down or it'll burn.
턴더 힛 다운 오어 잇윌 번
불 낮춰요, 안 그러면 그게 탈거예요.

word turn 잠그다

66

burnt [bə:rnt] 번트 형 불에 덴, 탄

The fire had burnt itself out.
더 파이어 해드 번트 잇셀프 아웃

난로불이 다 타 버린 뒤 꺼져 있었어요.

word fire 불
itself 그 자신을

bus [bʌs] 버스 명 버스

She has gone to the bus station.
쉬 해즈 곤 투 더 버스 스테이션

그녀는 버스 정류장으로 갔습니다.

word gone 가버린
station 정류장

business [bíznis] 비즈니스 명 일, 사업

Business carried me to America.
비즈니스 캐리드 미 투 어메리카

사업차 미국에 갔습니다.

word carried 운반된
America 미국

busy [bízi] 비지 형 바쁜, 분주한

She is busy with her housework.
쉬 이즈 비지 위드 허 하우스워크
그녀는 가사에 쫓기고 있습니다.

word housework 가사

but [bʌt] 벗 접 그러나, 그렇지만

But the moon is in the sky.
벗 더 문 이즈 인더 스카이
하지만 달은 하늘에 있잖아요.

word moon 달
sky 하늘

butter [bʌ́tər] 버러 명 버터

The children were eating peanut butter.
더 췰드런 워 이딩 피넛 버러
그 아이들은 땅콩버터를 먹고 있었습니다.

word children 아이들
eating 먹기 / peanut 땅콩

butterfly [bʌ́tərflài] 버러플라이 명 나비

I have a great collection
of butterflies.

아이 해버 그레잇 컬렉션 어브 버러플라이즈

나는 굉장한 나비 수집을 가지고 있습니다.

word great 굉장한, 큰
collection 수집

button [bʌ́tən] 버튼 명 단추, (벨의)누름단추

Click the OK button to start.

클릭 디 오케이 버튼 투 스타드

시작하려면 OK 버튼을 누르면 됩니다.

word Click 찰칵(딸칵)하는 소리를 내다
start 시작

buy [bai] 바이 동 사다

Where did you buy this.

웨어 디드유 바이 디스

이거 어디서 샀습니까?

word where 어디서

by [bai] 바이 [전] 옆에, 지나서

The pants were ironed by
my mom.
더 팬츠 워 아이언드 바이 마이 맘
바지는 엄마에 의해 다려졌습니다.

word pants 바지
iron 다리미

bye [bai] 바이 [감] 잘가요, 안녕(헤어질 때 하는 인사)

Good bye,Tom!
See you again!
굿 바이 탐 씨 유 어겐
잘 가 탐! 다음에 보자!

word see 보다 / again 다시

boy 소년	**brush** 붓	**bucket** 양동이	**banana** 바나나	**bicycle** 자전거	**bear** 곰

exercise Ⓑ 위의 단어를 보고 괄호 안에 들어갈 알맞은 단어를 줄로 이으세요.

❶ bucket   •   • The paint are all in the (　　).
위 페인트가 전부 양동이 안에 있습니다.

❷ brush   •   • A girl is riding a (　　).
한 소녀가 사진거를 티고 있습니다.

❸ boy   •   • Mom, can I eat this (　　)?
엄마, 이 바나나 먹어도 돼요?

❹ bicycle   •   • He dipped the (　　) into the paint.
그가 솔을 페인트에 살짝 담갔습니다.

❺ banana   •   • Have you seen a real (　　)?
곰을 정말 본 적이 있습니까?

❻ bear   •   • The (　　) was meek as a lamb.
그 소년은 양처럼 온순합니다.

cake [keik] 케이크 명 케이크

He ordered my birthday
cake.

히 오더드 마이 벌쓰데이 케이크

그는 나의 생일 케이크를 주문했다.

word order 주문하다
birthday 생일

calendar [kǽlindər] 캘린더 명 달력

I began to record on the
calendar.

아이 비갠투 리코드 온 더 캘린더

나는 달력에 기록하기 시작했습니다.

word began begin의 과거(무엇을) 하기 시작하다
record 기록

call [kɔ:l] 콜 图 부르다, 전화하다, (잠시)들르다

Call me if you need me.
콜 미 이프 유 니드 미
필요하면 저를 불러 주세요.

word me 나를
　　　need 필요

C

camel [kǽməl] 캐멀 图 낙타

Have you seen a real **camel**?
해브 유 씬어 리얼 캐멀
진짜 낙타를 본 적이 있습니까?

word real 진짜의, 실제의

camera [kǽmərə] 캐머라 图 카메라, 사진기

The man is using a **camera**.
더 맨 이즈 유징어 캐머라
남자가 카메라를 사용하고 있습니다.

word man 남자
　　　use 사용

camp [kæmp] 캠프 동 야영하다, 캠프하다

I **camp** out almost every summer.
아이 캠프 아웃 올모스트 에브리 썸머
거의 매 여름마다 캠핑을 합니다.

word almost 거의 / every 매, 모든
       summer 여름

can [kæn] 캔 동 할 수 있다

Can I use this coupon?
캔 아이 유즈 디스 쿠폰
이 쿠폰을 사용할 수 있나요?

word use 사용
       coupon 쿠폰

candle [kǽndl] 캔덜 명 양초, 촛불

She lit a **candle**.
쉬 리트 어 캔덜
그녀가 양초에 불을 붙였습니다.

word lit 불 밝힌

candy [kǽndi] 캔디 명 사탕, 캔디

I love eating candy and cookies.

아이 러브 이팅 캔디 앤 쿠키스

나는 사탕과 쿠키 먹는 것을 좋아해요.

word eating 먹기
cookie 쿠키

cap [kæp] 캡 명 모자

The father is wearing a cap.

더 파더 이즈 웨어링 어 캡

아버지가 모자를 쓰고 있습니다.

word wearing 입을 수 있는

capital [kǽpətl] 캐피털 명 수도

Paris is the capital of France.

패리스 이즈 더 캐피털 오브 프랜스

파리는 프랑스의 수도입니다.

captain [kǽptin] 캡틴 **명** 선장

He is the captain of a big ship.

히 이즈 더 캡틴 오버 빅 쉽

그는 큰 배의 선장입니다.

word big 큰 / ship 배

car [kɑːr] 카 **명** 자동차

The car speeded up.

더 카 스피디드 업

그 자동차는 속도를 냈습니다.

word speed 빠르기, 속력
up 올리다

card [kɑːrd] 카드 **명** 카드

I paid by credit card for the present.

아이 페이드 바이 크레딧 카드 풔더 프레즌트

선물은 신용카드로 샀어요.

word paid 지급을 끝낸
credit 신용 / present 선물

care [kɛər] 케어 　명 주의, 조심　동 걱정하다, 조심하다

Would you take care of my cat?

우드 유 테잌 케어 오브 마이 캣

내 고양이를 좀 돌봐주실래요?

word　take 손에 잡다, 쥐다
　　　　cat 고양이

carpenter [káːrpəntər] 카펜더　명 목수

The carpenter trimmed in this wood piece.

더 카펜터 트리미드 인 디스 우드 피이스

그 목수는 나무 조각의 모양을 다듬어 다른 나무에 끼워 넣었습니다.

word　trimm 깎아 다듬다 / wood 나무

carrot [kǽrət] 케롯트　명 당근

We grow carrots in the garden.

위 그루우 케롯츠 인 더 가든

우리는 뜰에서 당근을 기릅니다.

word　grow 성장하다, 기르다
　　　　garden 정원, 뜰

77

carry [kǽri] 케리   동 나르다, 운반하다

Can you carry this book alone?
캔유 케리 디스 북 얼롱

혼자서 이 책을 나를 수 있겠습니까?

word book 책
     alone 혼자서

case [keis] 케이스   명 상자, 경우

I'll wear a raincoat, just in case.
아이윌 웨어러 레인코드 저슷인 케이스

만일을 대비해서 우비를 입을 겁니다.

word wear 입고 있다
     raincoat 비옷

cassette [kæsét] 카세트   명 카세트

He slotted a cassette into the VCR.
히 슬러디어 카세트 인투 더 브이씨알

그가 비디오 녹화기에 카세트를 넣었습니다.

word slotted 기다란 구멍이 나 있는
     VCR 녹화기

cat [kæt] 캣 명 고양이

The cat flattened himself
on the ground.
더 캣 플랜티드 힘셀프 온 더 그라운드
고양이는 땅바닥에 납작 엎드렸습니다.

word flatten 평평하게 하다
himself 그 자신을 / ground 땅

C

catch [kætʃ] 케치 동 잡다

I catch a cold every winter.
아이 케치 어 콜드 에브리 윈터
나는 매년 겨울 감기에 걸립니다.

word cold 감기, 추운
every 매 / winter 겨울

ceiling [síːliŋ] 씰링 명 (방의) 천장

She lay on her back
staring up at the ceiling.
쉬 레이 온 허 백 스테어링 업 앳 더 씰링
그녀는 천장을 올려다보며 반듯이 누워 있었습니다.

word lay 누이다 / back 등
staring 응시하는

79

center [séntər] 센터 **명** 중심, 중앙

He's the center on that football team.
히즈 더 센터 온 댓 풋볼 팀

그 사람은 저 축구팀 센터입니다.

word football 풋볼

chair [tʃɛər] 체어 **명** 의자

I sat him down in a chair.
아이 셋 힘 다운 인 어 체어

그를 의자에 앉혔습니다.

word sat sit의 과거분사(앉다, 앉히다)
down 아래로

chalk [tʃɔːk] 초크 **명** 분필, 백묵

I have a box of coloured chalks.
아이 해버 박스 오브 컬러드 초크

나는 색분필 한 통을 가지고 있습니다.

word box 상자
coloured 한 색깔의, 색깔이 있는

chance [tʃæns] 첸스 **명** 기회

I still have an opening chance.

아이 스틸 해브 언 오프닝 첸스

아직은 한 번의 기회가 있습니다.

word still 정지한
opening 열기

C

change [tʃeindʒ] 췌인지 **명** 변화 **동** 바꾸다

Can you change this into dollars.

켄유 체인쥐 디스 인투 달러스

이것을 달러로 바꿔주십시오.

cheap [tʃiːp] 칩 **형** 값이 싼

I will let you have it very cheap.

아윌 렛 유 해브 잇 베리 칩

그것을 아주 싸게 드리겠습니다.

word let 시키다
very 아주

81

cheese [tʃiːz] 치즈 <u>명</u>치즈

I like **cheese** very much.

아이 라잌 치즈 베리 머취

나는 치즈를 아주 좋아합니다.

word like 좋아하다
much 많은

chess [tʃes] 체스 <u>명</u>체스, 서양장기

I played **chess** with my sister.

아이 플레이드 체스 위드 마이 시스터

나는 누나와 서양장기를 두었습니다.

word play 놀이
sister 누나

chest [tʃest] 체스트 <u>명</u>가슴

His **chest** was on fire.

히즈 체스트 워즈 온 파이어

그의 가슴이 불타는 것 같았어요.

word fire 불

chestnut [tʃésnʌ̀t] 체스넛 명 밤

The chestnut trees yielded lots of nuts.
더 체스넛 트리스 이얼드 랏츠 어브 넛츠

올해는 밤이 많이 열렸습니다.

word yield 생기게 하다
lots 대단히

C

chick [tʃik] 칙 명 병아리

It was a small and cute chick.
잇 워즈어 스몰 앤 큐트 칙

그것은 작고 귀여운 병아리였습니다.

word small 작은
cute 귀여운

chicken [tʃíkən] 치킨 명 닭, 닭고기

An egg develops[changes] into a chicken.
언 에그 디볼롭스 인투 어 치킨

달걀이 병아리가 되는 것입니다.

word egg 달걀 / develops 발전시키다
changes 바꾸다 / into ~로

child [tʃaild] 차일드 명 어린이, 아이

That **child** is obedient to his parents.
댓 차일드 이즈 오비디언투 히즈 페어런츠
그 아이는 부모의 말을 잘 듣습니다.

`word` obedient 순종하는
parent 부모

chin [tʃin] 친 명 턱

She rested her **chin** on his hands.
쉬 레스티드 허 친 온 히즈 핸즈
그녀의 턱은 두 손으로 받쳐쳐 있었습니다.

`word` rest 받침대
hand 핸드

chocolate [tʃɔ́:kələt] 쵸컬릿 명 초콜릿

I love **chocolate**.
아이 러브 쵸콜릿
나는 초콜릿을 좋아합니다.

choose [tʃuːz] 츄우즈 동 고르다

I'll **choose** nice present for you.

아일 츄우즈 나이스 프레즌트 풔 유

당신에게 좋은 선물을 골라주겠습니다.

word nice 좋은 / present 선물

chopstick [tʃápstìk] 챱스틱 명 젓가락

They use **chopstick** to eat rice.

데이 유즈 챱스틱 투 잇 라이스

그들은 밥을 먹기 위해 젓가락을 사용합니다.

word eat 먹다
rice 쌀, 밥

church [tʃə:rtʃ] 쳐취 명 교회

The **church** filled soon.

더 쳐취 필드 순

교회는 금방 가득 찼습니다.

word fill 가득하다
soon 이윽고, 곧

circle [sə́:rkl] 서클 명원

The students are sitting in a circle.
더 슈트던츠 알 싯팅 인 어 서클
학생들이 둥그렇게 앉아 있습니다.

city [síti] 씨티 명도시

What city do you live in?
왓 씨티 두 유 리브 인
어느 도시에 살고 있습니까?

word live 살다

class [klæs] 클래스 명학급, 반, 수업

The class begins at 8am.
더 클래스 비긴즈 앳 에잇 에이엠
수업은 오전 8시에 시작합니다.

word begin 시작되다

classmate [klǽsmèit]
클라스메이트 [명] 급우, 반 친구

She is my classmate.
쉬 이즈 마이 클라스메이트
그녀는 나의 반 친구입니다.

c

classroom [klǽsrù(:)m] 클라스룸 [명] 교실

My classroom is on the second floor.
마이 클라스룸 이즈 온 더 세컨 플로워
우리 교실은 2층에 있습니다.

word second 두번째의
floor 마루, 층

clean [kliːn] 클린 [형] 깨끗한, 청결한

I'll bring a clean one.
아이윌 브링어 클린 원
깨끗한 것으로 가져다 드리겠습니다.

word bring 가져오다

cleaning [klíːniŋ] 클리닝 명 청소

They spent all day
cleaning the house.
데이 스펜드 올 데이 클리닝 더 하우스
그들은 하루 종일 집을 청소했습니다.

word spent spend(노력, 시간 따위를 들이다)의
과거, 과거분사

climb [klaim] 클라임 동 (나무, 산 등에) 오르다

Our group made the climb
up the mountain.
아워 그룹 메이더 클라임 업 더 마운틴
우리 팀은 산에 올라갔습니다.

word group 팀
mountain 산

clock [klɑk] 클락 명 시계, 탁상시계

My alarm clock didn't
go off.
마이 알람 클락 디든트 고 오프
자명종이 울리지 않았습니다.

word alarm 경보, 놀람

close [klouz] 클로즈 동 닫다

Do you mind if I close the window?
두유 마인드 이프 아이 클로즈 더 윈도우

창문 좀 닫아도 될까요?

word mind 마음

clothes [klouðz] 클로스 명 옷

I'd like these clothes washed.
아이드 라잌 디이스 클로스 워쉬드

이 옷을 빨아주십시오.

word wash 빨다

cloud [klaud] 클라우드 명 구름

He got under a cloud in the sky.
히 갓 언더어 클라우드 인 더 스카이

그는 구름을 타고 하늘로 날아갔습니다.

word under 아래에
sky 하늘

club [klʌb] 클럽 명 클럽, 모임

What club are you in?
왓 클럽 알 유 인
어느 클럽에 들었지요?

coast [koust] 코스트 명 연안, 해안

We are walking along the coast.
위 알 워킹 얼롱 더 코스트
우리는 해안을 따라 걸었습니다.

word walking 걷기
along ~을 따라

coat [kout] 코우트 명 코트, 외투

I need a coat.
아이 니드 어 코우트
나는 코트가 필요합니다.

word need 필요

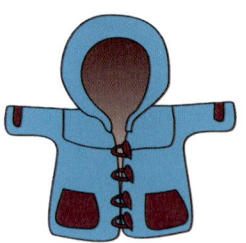

90

coffee [kɔ́:fi] 커피 명커피

Can I get you a cup of
coffee?

캔 아이 겟 유어 컵 어브 커피

커피 한 잔 갖다 드릴까요?

word get 얻다
cup 컵

C

coin [kɔin] 코인 명동전

Guess which hand has
a coin.

게스 위치 핸드 해즈 어 코인

어느 손에 동전이 있는지 맞춰봐!

word guess 추측하다

cold [kould] 콜드 명감기 형추운, 차가운

Is it cold outside?

이즈 잇 콜드 아웃사이드

바깥은 춥습니까?

word outside 바깥쪽, 외면

color [kʌlər] 칼러 명 빛깔, 색

How about this color?
하우 어바웃 디스 칼러

이 색은 어떻습니까?

 word how 어떻게
about ~에 대하여

come [kʌm] 컴 동 오다

Please come as early as you can.
플리즈 컴 에즈 어얼리 에즈 유 캔

되도록 빨리 오너라.

 word early 일찍이

company [kʌmpəni] 컴퍼니 명 회사, 동반자 동 동행하다

He works with zeal for his company.
히 워크스 위드 지얼 풔 히즈 컴퍼니

그는 회사를 위해 열심히 일합니다.

word work 일
zeal 열심히

computer [kəmpjúːtər] 컴퓨러 **명** 컴퓨터

My friend has bought a good computer.
마이 프렌드 헤즈 바터어 굿 컴퓨러

내 친구가 좋은 컴퓨터를 샀습니다.

word friend 친구 / bought 사다, 구입하다
good 좋은

C

confession [kənféʃən] 컴패션 **명** 고백, 실토

I have a confession to make.
아이 해브어 컴패션 투 메이크

나는 고백할 게 있습니다.

word make 만들다

congratulations [kəngrætʃuléiʃən] 컨그레이츠레이션 **명** 축하

Congratulations on your graduation
컨그레이츠레이션 온 유어 그래쥬에이션

졸업을 축하합니다.

word graduation 졸업

93

contest [kántest] 컨테스트　명 논쟁, 경쟁, 경연

He won the song contest.
히 원 더 송 컨테스트
그는 노래 경연대회에서 상을 탔습니다.

word song 노래

cook [kuk] 쿡　명 요리사 동 요리하다

I'm busy cooking.
아임 비지 쿡킹
나는 요리하느라 바쁩니다.

word busy 바쁜

cool [ku:l] 쿨　형 시원한, 서늘한

The weather was nice
and cool.
더 웨더 워즈 나이스 앤 쿨
날씨가 시원하고 좋습니다.

word weather 날씨
nice 좋은, 훌륭한

copy [kápi] 카피 명 복사, 복제 동 그대로 옮겨 쓰다

Could you copy these papers for me?
쿠드유 카피 디스 페이퍼스 풔 미

이 서류 좀 복사해 주시겠습니까?

word these 이것들
paper 종이

C

corn [kɔːrn] 콘 명 옥수수

The yield of corn is up.
더 이얼드 오브 콘 이즈업

옥수수의 생산량이 늘었습니다.

word yield 농산물을 산출하다

corner [kɔ́ːrnər] 코너 명 구석, 모퉁이

The bus is turning the corner.
더 버스 이즈 터닝 더 코너

버스가 코너를 돌고 있습니다.

word turning 회전

95

costume [kάstjuːm] 커스튬 [명] 의상

I'll help you change your
costume.

아일 핼프유 체인지 우어 커스튬

옷 갈아입는 것을 도와드릴게요.

word help 돕다
change 바꾸다

count [kaunt] 카운트 [동] 세다

I can't **count** that high yet.

아이 캔트 카운트 댓 하이 옛

그렇게 많이는 아직 셀 줄 몰라요.

word high 높은
yet 아직은

country [kʌ́ntri] 컨츄리 [명] 나라, 국가, 시골

He lives in the remote
country from the city.

히 리브즈 인 더 리모트 컨츄리 프럼 더 씨티

그는 도시에서 멀리 떨어진 시골에 삽니다.

word remote 먼
from ~로부터 / city 도시

course [kɔːrs] 코스 <u>명</u> 과목, 경로

I think this course is too hard for me.
아이 씽크 디스 코스 이즈 투 하드 풔 미

이 과목은 나한테 아주 어려운 것 같아요.

word think ~라고 여기다
　　　 hard 곤란한, 어려운

cousin [kʌzn] 커즌 <u>명</u> 사촌

Just write the address of your cousin.
저슷 와잇 디 어드레스 오브 유어 커즌

여기에 사촌의 주소를 쓰세요.

word just 정확히 / write 쓰다
　　　 address 주소

cover [kʌvər] 커버 <u>동</u> 가리다, 덮다

Trees cover the hillsides in this area.
트리즈 커버더 힐사이즈 인 디스 에어리아

이 지역에는 나무들이 산중턱을 덮고 있습니다.

word tree 나무
　　　 hillsid 언덕의 중턱 / area 지역

C

97

COW [kau] 카우　명 암소

The cow yields milk twice a day.
더 카우 이얼즈 밀크 투와이스 어 데이
이 암소는 하루에 두 번 젖을 냅니다.

word yield 생기게 하다, 산출하다
twice 2회

crab [kræb] 크랍　명 게

This crab is full of meat.
디스 크랍 이즈 풀 오브 밋트
이 게는 속이 꽉 찼습니다.

word full 찬, 가득한
meat 속, 알맹이

crayon [kréiən] 크레욘　명 크레용

Mom bought me crayons.
맘 밧트 미 크레욘즈
엄마가 내게 크레용을 사주셨습니다.

word bought 사다, 구입하다

cream [kriːm] 크림   명 크림

May I buy you some ice cream?

메이 아이 바이 유 썸 아이스 크림

아이스크림 좀 사 드릴까요?

word buy 사다

C

cross [krɔːs] 크로스   동 건너다

It is impossible to cross this creek by swimming.

잇 이즈 임파서블 투 크로스 디스 크릭 바이 스위밍

이 개울을 수영해서 건너기는 불가능합니다.

word impossible 불가능한
creek 시내, 개울 / swimming 수영

cry [krai] 크라이   동 울다, 외치다

Don't make her cry anymore.

돈트 메이크 허 크라이 애니모어

이제는 그녀를 울리지 마십시오.

word make 만들다
anymore 이제는

cucumber [kjú:kʌmbər] 큐컴버 명 오이

Cucumbers are good for your health.

큐컴버즈 알 굿 풔 유어 헬스

오이는 당신의 건강에 좋습니다.

word good 좋은
health 건강

cup [kʌp] 컵 명 컵, 잔

I need a **cup** of water.

아이 니드 어 컵 어브 워러

물 한잔 마셔야겠어요.

word need 필요, 소용
water 물

curtain [kə́:rtən] 커튼 명 커튼

Would you open the **curtain**?

우드유 오픈더 커튼

커튼을 열어주시겠습니까?

word would ~할 것이다
opne 열린

cut [kʌt] 컷트 동 자르다

May I **cut** the vegetables with a knife.

메아이 컷 더 베지터블스 위더 나이프

야채를 나이프로 잘라도 상관없나요?

word vegetables 야채
        knife 칼

cute [kjuːt] 큐트 형 귀여운

She talks really **cute**.

쉬 톡스 리얼리 큐트

그녀는 말을 참 귀엽게 해요.

word really 참으로

car 자동차	cake 케익	cat 고양이	coffee 커피	crosswalk 횡단보도	clock 시계

exercise **C** 위의 단어를 보고 괄호 안에 들어갈 알맞은 단어를 줄로 이으세요.

❶ crosswalk • • Can I get you a cup of (   )?
커피 한 잔 갖다 드릴까요?

❷ cake • • It began raining from three o' (   ).
3시부터 비가 오기 시작했어요.

❸ clock • • The (   ) speeded up.
그 자동차는 속도를 냈습니다.

❹ cat • • Let's cross the street at the (   ).
횡단보도에서 길을 건넙시다.

❺ coffee • • The (   )flattened himself on the ground.
고양이는 땅바닥에 납작 엎드렸습니다.

❻ car • • He ordered my birtday (   ).
그는 나의 생일 케이크를 주문했다.

## 01

명사

명사란 사람, 장소, 사물 혹은 생각을 말한다. 모든 것은 이름이 있으며 어떤 것은 하나 이상의 이름을 가진다. 명사는 **tree**(나무), **city**(도시)처럼 볼 수 있거나 만질 수 있는 것이나 보거나 만지는 것이 불가능한 것을 명명하기도 한다.

Unit 1 명사의 종류

어떤 사물이나 사람처럼 구체적인 대상을 말하는 것뿐만 아니라 감정과 같이 추상적인 개념을 가리키는 단어를 명사라고 한다. 명사나 대명사는 문장에서 주어, 목적어, 보어 역할을 하며 여러 가지 형태가 있다. 명사에는 보통명사, 고유명사, 집합명사, 물질명사, 추상명사가 있다.

❶ 보통명사

일반적인 사람이나 사물을 가리키는데 대부분의 명사가 이에 속한다.

I have a computer.   나는 컴퓨터를 가지고 있습니다.
Dogs are useful animals.   개는 유용한 동물입니다.

예 computer, dog, book, pen, girl 등

❷ 고유명사

이 세상에 하나밖에 존재하지 않는 사람 이름, 나라 이름, 지역 이름, 언어 등을 말한다. 첫 글자는 항상 대문자로 쓴다.

Tom lives in country.　탐은 시골에 삽니다.

Sunday is fine.　일요일이 좋습니다.

예 Tom, Seoul, Korea, China, Sunday, March 등

❸ 집합명사

사람이나 사물이 모여서 하나의 집합을 표시하는 명사로서 문장에 따라 단수 혹은 복수 취급한다.

아래 예문에서 첫 번째 문장의 family는 가족 전체를 말하기 때문에 단수 취급(is)을 하고 두 번째 문장에서 말하는 family는 가족 구성원 전체를 가리키므로 복수 취급(are)을 한다.

Family is important to me.　가족은 저에게 중요합니다.

Why are you ashamed of your family?
당신은 왜 당신의 가족을 부끄럽게 여깁니까?

예 family, people, group, class 등

❹ 물질명사

일정한 형태가 없는 사물 즉, 액체나 기체 처럼 셀 수 없는 명사를 말한다.

There is milk in the glass.　잔에 우유가 있습니다.

May I have a glass of water?　물 한 잔 주시겠습니까?

예 milk, water, bread, paper, air, rain 등

❺ 추상명사

물건의 성질이나 상태를 나타내는 추상적 개념의 명사를 가리킨다.

The dove represent peace. 비둘기는 평화를 상징합니다.

I don't have the heart to tell the truth.

나는 진실을 말할 용기가 없습니다.

예 love, peace, beauty, luck, truth 등

Unit 2 명사의 복수형 만들기

명사에는 단수형과 복수형이 있는데 대개는 '-s'를 붙여서 만드는 것이 보통이지만 '-es'를 붙이는 단어도 있고 복수 형태가 불규칙한 단어도 있다. 이를 가리켜 불규칙 복수라고 한다.

❶ 규칙적인 복수형 만들기

● 단수형에 '-s'를 붙인다.

Let me take your cups. 컵들을 이리로 주세요.

Friends are important. 친구는 중요해요.

예 dogs(dog), girls(girl), books(book), cups(cup)

● 단수형이 자음 + y로 끝나면 y를 i로 고치고 '-es'를 붙인다.

What an attractive ladies. 정말 매력적인 여자들입니다.

예 Stories(story), cities(city), parties(party)

● 단수형이 모음+ y로 끝나면 그대로 '-s' 만 붙인다.

Don't forget to take your keys.   열쇠를 가지고 가는 것을 잊지 말아요.

예 toys(toy), keys(key), monkeys(monkey)

● 자음 + o 다음에는 '-es' 를 붙인다.

May I have some more potatoes?

감자를 좀 더 주시겠습니까?

예 heroes(hero), tomatoes(tomato), potatoes(potato)

● 단수형이 -s, -sh, -ch, -x, -z로 끝나는 명사는 '-es' 를 붙인다.

She takes the dishes to the sink.

그녀는 접시를 싱크대로 가져갑니다.

예 lunches(lunch), peaches(peach), dishes(dish), buses(bus)

● 단수형이 f, fe로 끝나면 f, fe를 v로 고치고 '-es' 를 붙인다.

He lives in the village under the river.

그는 강 아래에 있는 마을에서 살고 있습니다.

예 lives(life), knives(knife), wives(wife)

❷ 불규칙적인 복수형 만들기

모든 명사가 규칙적으로 복수형을 만드는 것은 아니다. 단수와 복수 형태가 전혀 다르거나 변하지 않는 단어들도 있다.

모음이 변하는 것	man → men, basis → bases, foot → feet
단수형 +-en, -ren	ox → oxen, child → children
단수형 = 복수형	sheep, fish, deer, salmon, trout
항상 복수형(짝)	socks, shoes, scissors, glasses, pants, stockings

복수의 불규칙 변화(Irregular of plural)

단수	복수	단수	복수
this	these	tooth	teeth
that	those	foot	feet
woman	women	child	children
wife	wives	story	stories
knife	knives		

❸ 명사 뒤에 –s가 붙어 있어도 단수로 취급하는 표현

● 일부 고유명사에서 –s가 붙어 있어도 단수 취급
국가나 지역, 주, 섬들이 합쳐 하나의 국가나 단체를 이루고 있기 때문에 단수로 취급한다.

예 the united states of America(미국), the Philippines(필리핀), the United Nations(유엔) 등

● -ics로 끝나는 학문 이름

예 politics(정치학), economics(경제학), mathematics(수학), physics(물리학), linguistics(언어학), statistics(통계학), ethics(윤리학) 등

❹ 기타

● 기타 아래와 같은 경우에도 형태는 복수지만 단수 취급을 하는데 news는 단수 취급을 하더라도 a news라고 하지 않고 a piece of news 등으로 표기한다는 것을 잊지 말아야 한다.

예 news(뉴스), darts(다트), checkers(서양장기), measles(홍역) 등

good 이익 ▶ goods 상품

manner 방법 ▶ manners 예절

force 힘 ▶ forces 군대

pain 고통 ▶ pains 수고

minute 분 ▶ minutes 의사록

color 색깔 ▶ colors 기장, 군기, 국기

content 만족 ▶ contents 내용, 목차

air 공기 ▶ airs 뽐내는 태도

glass 유리 ▶ glasses 안경

spirit 정신 ▶ spirits 원기, 기운

arm 팔 ▶ arms 무기

custom 관습 ▶ customs 관세, 세관

Unit 3 명사의 소유격

소유격이란 '~의'라고 옮기는데 '나의 것' '우리의 것' 등을 표현하는데 쓰인다. 누구의 소유인지를 나타낸다는 의미에서 소유격이라고 부르는데 명사와 대명사의 소유격을 나타내는 방법은 다르니까 이를 잘 유념해야 한다.

❶ 사람이나 동물의 소유격

사람이나 동물의 소유격은 명사 뒤에 '-s'를 붙인다.

Tom's car is red. 탐의 자동차는 빨간색입니다.

The dog's name is "happy". 그 개의 이름은 해피입니다.

❷ 사물의 소유격

사물의 소유격은 'of + the 명사'로 나타낸다. 이때 'of'는 바로 앞의 명사를 수식한다.

Do you know the title of the movie? 당신은 그 영화 제목을 아나요?

I don't know the meaning of the word.
나는 그 낱말의 의미를 알지 못합니다.

❸ 소유격을 만드는 법

● 단수명사에는 's를 붙이는 것이 원칙이다.

the girl's doll 그 소녀의 인형 , **Tom's book.** 탐의 책

● -s로 끝나는 복수명사에는 끝에 apostrophe(')만을 붙인다.

the boys' bicycles 그 소년들의 자전거

the boy's bicycle 그 소년의 자전거 − 단수형

● 어미가 -s로 끝나는 명사를 소유격으로 할 때는 -'s를 붙이든가 ' 만을 붙인다.

Tom의 집 : **Tom's house** 또는 **Toms' house.**

● -sas, -ses, -sis, -sos, -sus로 끝나는 고유명사에는 ' 만을 붙인다.

Moses' laws 모세의 율법 , **Jeaus' life** 예수의 생애

Unit 4 명사절 − 접속사+주어+동사

1 명사절의 특징

명사절이란 절 전체가 명사의 역할을 하며 구체적으로 문장의 주어나 목적어, 혹은 보어의 역할을 하는 것을 말한다. 어순은 접속사 + 주어 + 동사이다.

- 명사절은 that, how, whether, if, what 등의 접속사가 이끈다.

We didn't know **what time it was**. 몇 시인지 우리는 몰랐어요.

- 명사절 접속사 중에서 that은 대개 생략된다.

I knew (that) **you wouldn't like this dress**.

당신이 이 드레스를 싫어할 거라고 생각했어요.

- 절 대신에 의문사 + to 부정사가 쓰이기도 한다.

You are at liberty **what to do**. 당신이 무엇을 하든 당신의 자유입니다.

2 다양한 명사절

명사절은 타동사의 목적어 역할을 하며 또한 문장의 주어 역할, 보어 역할을 한다.

❶ 목적어 역할

I don't know **who those men are**. 나는 저 사람들이 누구인지를 모릅니다.
I don't know **where she lives**. 나는 그녀가 사는 곳을 몰라요.

- where 이하 명사절은 say의 목적어 역할을 한다.

Tom wouldn't say **where he was going**.

탐은 자기가 어디로 가고 있는지 말하려 하지 않았어요.

- think, believe가 본동사로 왔을 경우에 부정문은 that절 안을 부정문으로 만드는 대신 think, believe의 부정을 취한다.

I **don't think** **you're right**. 당신이 옳다고 생각하지 않아요.

❷ 주어의 역할

What she said surprised me.　그녀가 한 말은 나를 놀라게 했습니다.

● that 절은 주어 역할을 한다. 이 경우에 that은 생략할 수 없다.

Which route would be best isn't obvious.

어느 쪽 길이 최선인가는 분명하지 않습니다.

● 의문사절이나 that 절이 전치사 뒤에 오는 경우가 있는데 상황에 따라 생략하기도 한다. 그러나 명사절 접속사 중에서 if 는 이런 경우로 쓸수가 없다.

I was surprised (at) how cold it was.　얼마나 추웠는지 놀랄 정도였어요.

● 보통 감정을 나타내는 형용사 다음에는 명사절이 온다.

I'm glad(that)you enjoyed the meal.　즐거운 식사가 되었다니 기쁩니다.

❸ 보어의 역할

목적어와 보어는 성격이 다르다. 목적어는 주인공의 상대방으로써 화자(話者)는 무대 위에 각기 별개의 실체가 있는 것으로 보는데 그러나 보어는 무대상에, 배경을 제외하면 주인공 한 명만 존재하는 것으로 보고 단지 그 주인공으로부터 나온 특징만을 표시하는 것이다.

She is very beautiful.　그녀는 아름답습니다.

● that 절은 be(is) 동사의 보어 역할을 하고 있다. 마찬가지로 that은 생략해도 무방하다.

The truth is(that) I don't get on with my friend.

사실 나는 친구와 사이가 좋지 않습니다.

dad [dæd] 대드 명 아빠

My **dad** works for a computer company.

마이 데드 웍스 퓌어 컴퓨터 컴퍼니

우리 아빠는 컴퓨터 회사에 다니십니다.

word work 일 / computer 컴퓨터
company 회사

dance [dæns] 댄스 동 춤추다

Let's **dance** together.

렛츠 댄스 투게더

함께 춤을 추어요.

word together 함께

danger [déindʒər] 데인저 명 위험

Danger does not lurk around every corner.
데인저 더즈 낫 룩 어라운드 에브리 코너
위험이 모든 곳에 숨어 있지는 않아요.

word lurk 숨다 / around 주위에
every 매 마다 / corner 모퉁이, 구석

dark [dɑːrk] 다크 형 캄캄한, 어두운

In the **dark** I bumped into a chair.
인 더 다크 아이 범프드 인투 어 체어
어둠 속에서 나는 의자에 부딪쳤습니다.

word bump 부딪치다
into 안으로 / chair 의자

dart [dɑːrt] 다트 명 다트, 던지는 창

The savages **darted** spears at the lion.
더 세비즈 다트드 스피어스 엣 더 라이온
야만인들이 사자를 향해 창을 휙휙 던졌습니다.

word savage 야만의
spear 창 / lion 사자

date [deit] 데이트 **명** 날짜

What's the date today?
왓츠 더 데이잇 투데이
오늘은 며칠입니까?

(word) today 오늘

daughter [dɔ́ːtər] 도러 **명** 딸

They had a daughter late in their life.
데이 해드 어 도러 레잇 인 데어 라이프
그들은 늦게 딸을 얻었어요.

(word) late 늦은 / their 그들의
life 생명

day [dei] 데이 **명** 낮, 하루, 날

It's a lovely day, isn't it?
잇츠어 러블리 데이 이즌 잇
날씨가 참 좋죠?

(word) lovely 멋진

114

dead [ded] 데드 형 조용한, 죽은

The batteries in this
flashlight are dead.

더 배터리이즈 인 디스 프래쉬라이트 알 데드

이 손전등은 건전지가 다 되었습니다.

word batterie 건전지
flashlight 섬광, 플래쉬

dear [diər] 디어 형 친애하는, 사랑스러운, 소중한

Every mom is dear to our
hearts.

에브리 맘 이즈 디어 투 아워 하츠.

모든 엄마는 우리들에게 소중하지요.

word heart 마음

D

deep [diːp] 딥 형 깊은, 깊숙이 들어간

How deep is it?

하우 딥 이즈잇

얼마나 깊습니까?

deer [diər] 디어 **명** 사슴

Deer and rabbits abound in this forest.
디어 앤드 래빗츠 어바운드 인 디스 포리스트
이 숲에는 사슴과 토끼가 많이 서식합니다.

word rabbit 토끼
abound 많이 있다 / forest 숲

deliver [dilívər] 딜리버 **동** 배달하다

Could you **deliver** this memo to her?
쿠드 유 딜리버 디스 메모 투 허
그녀에게 이 메모를 전달해 주실래요?

word Could 가능 ~할 수 있다
memo 메모

dentist [déntist] 덴티스트 **명** 치과의사

I am a **dentist**.
아이앰 어 덴티스트
치과 의사입니다.

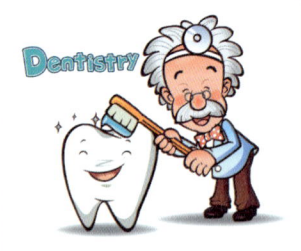

desert [dézərt] 데져트 **명** 사막, 황무지

A desert lacks water.
어 데져트 랙스 워러

사막에는 물이 없습니다.

word lacks 모자라다
water 물

desk [desk] 데스크 **명** 책상

Where did you get these desks?
웨어 디듀 겟 디스 데스크

이 책상은 어디서 샀습니까?

word where 어디서
get 사다, 얻다

D

dessert [dizə́:rt] 디져트 **명** 디저트, 후식

What would you like for dessert?
왓 우드유 라잌 풔 디져트

후식은 무엇으로 하시겠습니까?

word like 좋아하다

117

dial [dáiəl] 다이얼 동 전화 걸다, 다이얼을 돌리다

Turn the dial of the telephone.
턴 더 다이얼 어브 더 텔레폰
전화 다이얼을 돌리세요.

word turn 돌리다
telephone 전화

diary [dáiəri] 다이어리 명 일기

Keeping a diary is an everyday routine of mine.
킵핑 어 다이어리 이즈 언 에브리데이 류틴 오브 마인
일기 쓰기는 나의 일상적인 일과입니다.

word keeping 지님, 보관 / everyday 매일의
routine 일상의 과정 / mine 나의 것

dictionary [díkʃənèri] 딕션어리 명 사전

Can you hand me the dictionary, please?
캔 유 핸드 미 더 딕션어리 플리즈
그 사전을 내게 좀 건네주시겠습니까?

word hand 손
please 제발, 기쁘게 하다

118

die [dai] 다이 　동 죽다, 사망하다

All men must die.
올 맨 머스트 다이

모든 사람은 반드시 죽습니다.

word men 사람
　　　must ~해야 한다

dig [dig] 딕 　동 (땅 따위를)파다

The man is digging in the garden.
더 맨 이즈 디깅 인 더 가든

남자가 정원에서 구덩이를 파고 있습니다.

word garden 정원

D

diamond [dáiəmənd] 다야몬드 　명 다이아몬드

Can I see some diamond rings?
캔 아이 씨 썸 다야몬드 링스?

다이아몬드 반지 좀 볼 수 있을까요?

word can ~할 수 있다
　　　some 약간의 / ring 반지

119

dinner [dínər] 디너 **명** 저녁식사

Can you take me out for
dinner?
캔 유 테익 미 아웃 풔 디너
나에게 저녁을 사주시겠습니까?

word take 가지고 가다, 동반하다
me 나를 / out 밖에 나가

dinosaur [dáinəsɔ̀ːr] 다이너소어 **명** 공룡

The **dinosaur** fell away
a long time ago.
더 다이너소어 펠어웨이 어 롱 타임 어고
공룡은 오래전에 멸망했습니다.

word away 사라져 / long 긴
time 시간 / ago ~전에

direction [dírékʃən] 디렉션 **명** 방향, 지휘, 지도

We are driving in a
westward **direction**.
위 아 드라이빙 인 어 웨스트워드 디렉션
우리는 서쪽으로 차를 몰고 가고 있다.

word driving 운전
westward 서쪽으로 향하는

120

dirty [də́:rti] 더티　형 더러운

She put the dirty laundry into the washer.
쉬 풋 더 더리 런드리 인투 더 워서

그 여자는 더러운 빨랫감을 세탁기에 넣었습니다.

word put 놓다 / laundry 세탁물
into ~안으로 / washer 세탁기

dish [diʃ] 디쉬　명 접시

All the water in the dish has evaporated.
올 더 워터 인 더 디쉬 해즈 이바퍼래이티드

접시의 물이 모두 증발했어요.

word all 모두 / water 물
evaporate 증발하다

distance [dístəns] 디스턴스　명 거리

The mountain is some distance away.
더 마운틴 이즈 썸 디스턴스 어웨이

그 산은 상당히 먼 거리에 있습니다.

word mountain 산
away 멀리, 떨어져서

D

121

dizzy [dízi] 디지 [형] 현기증 나는

I felt dizzy when I stood up.
아이 펠트 디지 웬 아이 스튜드 업

자리에서 일어서자 머리가 빙빙 돌았습니다.

word felt 느껴지는
stood stand의 과거·과거분사

do [du:] 두 [동] 하다, 행하다

What do you think of Korea?
왓 두 유 씽크 어브 코리아

한국을 어떻게 생각하십니까?

word think 생각하다

doctor [dáktər] 닥터 [명] 의사

Has the doctor been here today?
해즈 더 닥터 빈 히어 투데이

의사가 오늘 왔다 갔습니까?

word here 여기에
today 오늘

dog [dɔ(ː)g] 도그 **명** 개

The dog followed me to the house.
더 도그 팔로우드 미 투 더 하우스

그 개는 나를 따라 집에까지 왔습니다.

word follow 따라가다
me 나를 / house 집

doll [dɑl] 돌 **명** 인형

Where do they sell dolls?
웨어 두 데이 셀 돌즈

인형은 어디서 팝니까?

word where 어디서
sell 팔다

D

dollar [dɑ́lər] 달러 **명** 달러(미국의 화폐단위)

I'd like to change Korean won into US dollars.
아이드 라잌 투 체인지 코리언 원 인투 유에스 달러스

한국 원화를 미국 달러로 바꾸고 싶습니다.

word change 바꾸다
Korean 한국의

123

dolphin [dάlfin] 돌핀 　명 돌고래

A dolphin isn't afraid of men.
어 돌핀 이즌트 어페레이드 어브 맨

돌고래는 사람을 무서워하지 않습니다.

word afraid 무서워하는
　　　 men man(사람)의 복수

door [dɔːr] 도어 　명 문

The door was left open.
더 도어 워즈 레프트 오픈

그 문은 왼쪽에 열려진 채로 있습니다.

word left 왼쪽의
　　　 open 열린

double [dΛbl] 더블 　형 두 배의, 이중의, 두 개의

Double-click the left button of the mouse.
더블클릭 더 레프트 버튼 오브 더 마우스

마우스 왼쪽 버튼을 더블클릭하세요

word click 누르다 / left 왼쪽
　　　 button 단추 / mouse 생쥐

doughnut [dóunət] 도넛트 **명** 도넛

She also had a doughnut.
쉬 얼쏘 해드 어 도넛트
그녀는 도넛도 먹었습니다.

word also ~도 또한

down [daun] 다운 **부** 아래로, 낮은 곳으로

He came down as quick as a flash.
히 케임 다운 애즈 퀵 애즈 어 플래쉬
그는 날쌔게 내려왔습니다.

word quick 빠른, 잽싼
flash 번개처럼 스치다

dragon [drǽgən] 드래곤 **명** 용

The dragon is not a real animal.
더 드래곤 이즈 낫 어 리얼 애니멀
용은 실제의 동물이 아닙니다.

word real 진짜의, 실제의
animal 동물

D

125

draw [drɔː] 드로우 동 그리다, 끌다, 잡아당기다

Draw a picture to the life.
드로우 어 픽처 투 더 라이프
실물 그대로 그리세요.

word picture 그림
life 살아 있음, 삶

dream [driːm] 드림 명 꿈

My **dream** has come true.
마이 드림 해즈 컴 트루
나의 꿈이 이루어졌습니다.

word true 정말의

dress [dres] 드레스 명 드레스, 옷 동 옷을 입다

This **dress** really suits you.
디스 드레스 리얼리 수우츠 유
이 옷은 정말 잘 어울립니다.

word really 참으로, 정말
suit 옷

drink [driŋk] 드링크 　图마시다

Is this water okay to drink?
이즈 디스 워러 오케이 투 드링크

이 물을 마셔도 괜찮습니까?

word　water 물
　　　　okay ok의 구어

drive [draiv] 드라이브 　图운전하다

He has learned to drive a car.
히 해즈 런드 투 드라이브 어 카

그는 자동차 운전을 배웠습니다.

word　learned 학문이 있는
　　　　car 차

드라이브
GoGo씨~

drop [drap] 드랍 　图방울, 물방울 图떨어뜨리다

She spilled a drop of water.
쉬 스펠더 드랍 오브 워러

그녀가 물방울을 흘렸습니다.

word　spill 엎지르다
　　　　water 물

D

127

drum [drʌm] 드럼 **명** 북, 드럼

The man is beating a **drum**.

더 맨 이즈 비링 어 드럼

남자가 북을 치고 있습니다.

word beating 때림

duck [dʌk] 덕 **명** 오리

We are looking at the **duck**.

위 아 루킹 앳 더 덕

우린 오리를 보고 있어요.

word looking ~으로 보이는

doughnut
도넛

dress
옷

doll
인형

dog
개

drink
음료수

duck
오리

exercise Ⓓ 위의 단어를 보고 괄호 안에 들어갈 알맞은 단어를 줄로 이으세요.

❶ doughnut · · where do they sell (　)?
　　　　　　　　인형은 어디서 팝니까?

❷ duck · · Is this water okay to (　)?
　　　　　　이 물을 마셔도 괜찮습니까?

❸ dog · · She also had a (　).
　　　　　그녀는 도넛도 먹었습니다.

❹ dress · · The (　) followed me to the house.
　　　　　　그 개는 나를 따라 집에까지 왔습니다.

❺ dolls · · We are looking at the (　).
　　　　　　우린 오리를 보고 있어요.

❻ drink · · This (　) really suits you.
　　　　　이 드레스는 정말 잘 어울립니다.

eagle [íːgl] 이글 명독수리

The **eagle** claw hold of his feed.

디 이글 클러 홀드 오브 히즈 피드

독수리가 그의 먹이를 움켜잡습니다.

word claw 발톱 / hold 잡다
      feed 먹을 것을 주다

ear [iər] 이어 명귀

She is deaf in one **ear**.

쉬 이즈 데프 인 원 이어

그녀는 한쪽 귀가 들리지 않습니다.

word deaf 귀머거리의

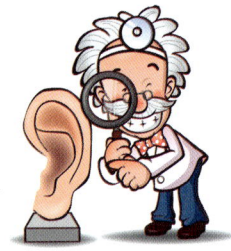

early [ə́ːrli] 어얼리 [부] 일찍, 일찍이

He is generally an early riser.
히 이즈 제너럴리 언 어얼리 라이저

그는 보통 일찍 일어납니다.

word generally 보통, 일반적으로
riser 일어나는 사람

earth [əːrθ] 어얼스 [명] 지구, 땅

The earth is illuminated by the sun.
디 어얼스 이즈 일루미네이디드 바이 더 썬

지구는 태양의 빛을 받습니다.

word illuminate 조명하다, 밝게 하다
sun 태양, 해

E

east [iːst] 이스트 [명] 동쪽

The sun rises in the east and sets in the west.
더 썬 라이지즈 인 디 이스트 앤 셋 인 더 웨스트

해는 동쪽에서 뜨고 서쪽으로 집니다.

word rise 일어서다
set 두다, 놓다 / west 서쪽

easy [íːzi] 이지 형 쉬운

This is as easy as winking to me.
디스 이즈 애즈 이지 애즈 윙킹 투 미

이것은 내게 아주 쉬워요.

word wink 순간, 잠깐사이

eat [iːt] 잇트 동 먹다

How do I eat this?
하우 두 아이 잇 디스

이거 어떻게 먹는 것입니까?

word how 어떻게
this 이것

egg [eg] 에그 명 계란, 달걀

This hen lays an egg every day.
디스 핸 레이즈 언 에그 에브리 데이

이 닭은 매일 한 개씩 알을 낳습니다.

word hen 암탉 / lay 낳다

either [íːðər, áiər] 이덜 **명** 어느 한 쪽의

I don't like **either** of them.
아이 돈ㅌ 라잌 이덜 어브 댐

나는 둘 다 좋아하지 않아요.

word like 좋아하다

elephant [éləfənt] 앨러펀트 **명** 코끼리

An **elephant** has a long nose.
언 앨러펀트 해즈 어 롱 노우즈

코끼리는 코가 깁니다.

word long 긴
　　　 nose 코

elevator [éləvèitər] 엘리베이러 **명** 엘리베이터, 승강기

The man is waiting for the **elevator**.
더 맨 이즈 웨이링 풔 디 엘리베이러

남자는 엘리베이터를 기다리고 있습니다.

word waiting 기다리기

E

133

else [els] 엘스 [부] 그 외에

Do you want anything else?

두 유 원트 애니씽 엘스

그 외에 다른 것이 필요한가요?

word want 탐내다, ~을 원하다
anything 무언가

empty [émpti] 앰티 [형] 텅 빈, 비어 있는

The police station is nearly empty.

더 폴리스 스테이션 이즈 니얼리 앰티

경찰서가 거의 비었습니다.

word police station 경찰서
nearly 거의

end [end] 앤드 [명] 끝, 마지막 [동] 끝내다, 끝나다

He screamed as his patience was at an end.

히 스크림드 애즈 히즈 페이션 워즈 앳 언 앤드

그는 인내가 다하여 소리를 질렀습니다.

word scream 소리치다
patience 인내

energy [énərdʒi] 에너지 명 에너지, 힘

Tom spend his **energy** to no purpose.

탐 스팬드 히즈 에너지 투 노 퍼포스

톰은 힘을 무익하게 소모합니다.

engine [éndʒin] 엔진 명 (기계의) 엔진

The aircraft is powered by a jet **engine**.

디 에어크래프트 이즈 파워드 바이 어 젯 엔진

그 비행기는 제트 엔진으로 작동합니다.

word aircraft 항공기
powered 마력의, 강력 엔진

engineer [èndʒiníər] 엔지니어 명 기술자

Her father is an **engineer**.

허 파더 이즈 언 엔지니어

그녀의 아버지는 기술자입니다.

word father 아버지

E

English [íŋgliʃ] 잉글리쉬 명 영어

English is the international language.
잉글리쉬 이즈 디 인터네셔널 랭기쥐

영어는 국제 언어입니다.

word international 국제의
　　　 language 언어

enjoy [endʒɔ́i] 인조이 동 즐기다

Enjoy yourself.
인조이 유어셀프

아주 즐겁게 보내십시오.

word yourself 당신 자신을

enough [inʌ́f] 이너프 형 충분한

Is it warm **enough** for you?
이즈 잇 워엄 이너프 풔 유

이 정도면 충분히 따뜻하지요?

word warm 따뜻한

아~ 따듯해~

enter [éntər] 엔터 동 들어가다

Do not enter with shoes on.
두 낫 엔터 위드 수유즈 온

신을 벗고 들어가시오

word with ~와 / shoes 신

entrance [éntrəns] 엔트런스 명 입구

Is there another entrance to this building?
이즈 데어 언어덜 엔트런스 투 디스 빌딩

이 건물에 출입구가 또 있어요?

word there 거기에 / another 다른 하나의
building 건물

E

envelope [énvəlòup] 앤버럽 명 봉투

Can I have another envelope?
캔 아이 해브 언어덜 앤버럽

봉투를 하나 더 주시겠습니까?

equal [íːkwəl] 이퀄 형 평등한, 동일한, 같은

Mark it off into equal parts.
마크 잇 어프 인투 이퀄 파트스
그것을 똑같이 나누시오.

word mark 표, 흔적
part 일부, 부분, 분담

erase [iréis] 이레이스 동 지우다

The boy is erasing a board.
더 보이 이즈 이레이싱 어 보드
소년이 칠판을 지우고 있습니다.

word board 칠판

eraser [iréisər] 이레이져 명 지우개

He bought an eraser instead of a pencil.
히 바트 언 이레이져 인스티드 어버 펜슬
그는 연필 대신 지우개를 샀습니다.

word instead 그 대신에
pencil 연필

error [érər] 에러 **명** 잘못, 실수

There is nobody that does
not commit **errors**.

데어 이즈 노바디 댓 더즈 낫 커밋 에러스

잘못을 저지르지 않는 사람은 아무도 없습니다.

word nobody 아마도 ~않다
commit 저지르다

escalator [éskəlèitər] 에스컬레이러 **명** 에스컬레이터

Let's ride the **escalator**
to the fifth floor.

렛츠 라이디 에스컬레이러 투 더 피프스 플로워

5층까지 에스컬레이터를 탑시다.

word ride 타다
floor 층

E

evening [í:vniŋ] 이브닝 **명** 저녁, 밤

Evening dusk is gathering
on.

이브닝 더스크 이즈 게터링 온

어둠이 점점 짙어갑니다.

word dusk 어둑어둑함
gathering 증가

every [évri] 에브리 형 모든

I camp out almost every summer.

아이 캠프 아웃 올모스트 에브리 썸머

거의 모두 매년 여름 캠핑을 합니다.

word camp 캠프장 / almost 거의
summer 여름

everybody [évribàdi] 애브리바디 명 여러분, 모든 사람

Everybody desires to be happy.

애브리바디 디자이어즈 투 비 해피

누구나 행복해지기를 원합니다.

word desires 바라다
happy 행복

excellent [éksələnt] 엑설런트 형 뛰어난, 우수한, 탁월한

You are an excellent cook.

유 알 언 엘설런트 쿡

당신은 탁월한 요리사입니다.

word cook 요리사

140

excite [iksáit] 익사이트 동 흥분시키다, 자극하다

He was excited to hear the news.
히 워즈 익사이티드 투 히어 더 뉴스

그는 그 소식을 듣고 흥분했습니다.

word hear 듣다
news 소식

excuse [ikskjúːz] 엑스큐스 명 변명 동 용서하다

Your excuse won't wash with your mother.
유어 엑스큐스 온트 와쉬 위드 유어 마더

네 변명을 엄마는 믿지 않을 것이다

word wash 깨끗이 하다
with ~을 상대로

E

exercise [éksərsàiz] 엑설사이즈 명 운동

What kind of exercise do you like?
왓 카인드 어브 엑설사이즈 두 유 라잌

어떤 운동을 좋아합니까?

word kind 종류
like 좋아하다

exit [égzit] 엑셋 명 출구 동 나가다

The exit is on the right side.
디 엑셋 이즈 온 더 라잇 사이드

출입구는 오른쪽에 있습니다.

word right 오른쪽의
     side 쪽

explain [ikspléin] 익스프레인 동 설명하다

Could you explain it in more detail?
쿠드유 익스플레인 잇인 모어 디테일

좀 더 자세히 설명해 주시겠습니까?

word more 더 많은
     detail 자세히

express [iksprés] 익스프레스 동 표현하다 형 특급의, 빠른

We can change to an express.
위 캔 체인지 투 언 익스프레스

우리는 급행으로 갈아탈 수 있습니다.

word change 바꾸다, 갈다

expressway [ikspréswei]

Where can I get on the expressway?

웨어 캔 아이 겟 온 디 익스프레스웨이

고속도로는 어디서 탈 수 있죠?

word where 어디서
get 얻다, 타다

eye [ai] 아이 명 눈

Your eyes are bloodshot.

유어 아이즈 알 블러드샷

당신의 눈이 충혈 되었습니다.

word bloodshot 충혈된

E

143

eat
먹다

egg
달걀

elephant
코끼리

eggplant
가지

eraser
지우개

exercise **E** 위의 단어를 보고 괄호 안에 들어갈 알맞은 단어를 줄로 이으세요.

❶ egg •　•　How do I (　) this?
이거 어떻게 먹는 것입니까?

❷ eggplant •　•　An (　) has a long nose.
코끼리는 코가 깁니다.

❸ eraser •　•　This hen lays an (　) every day.
이 닭은 매일 한 개씩 알을 낳습니다.

❹ eat •　•　He bought an (　) instead of a pencil.
그는 연필 대신 지우개를 샀습니다.

❺ elephant •　•　Cut (　) & potatoes into rounds.
가지와 감자들을 둥글게 잘라 놓습니다.

144

face [feis] 페이스 명 얼굴

Her **face** shines with happiness.

허 페이스 샤인즈 위드 해피니스

그녀의 얼굴은 행복에 빛나고 있습니다.

word shine 빛나게
happiness 행복

fact [fækt] 팩트 명 사실, 진실

In **fact**, shopping malls have become a part of daily life.

인팩트 샤핑몰즈 해브 비컴 어 파트 어브 데일리 라이프

사실, 쇼핑몰은 일상생활의 부분이 되었습니다.

word mall 쇼핑센터 / become ～이 되다

F

145

fail [feil] 페얼 명 실패 동 실패하다

Though I fail, I will try again.

도우 아이 패얼, 아이 윌 트라이 어게인

비록 실패할지라도 나는 다시 시도할 것입니다.

word though 비록 (한다)하더라도
try 시도하다 / again 다시

fair [fɛər] 페어 형 공평한, 공정한

She is fair with her students.

쉬이즈 페어 위드 허 수투유던스

그녀는 학생들에게 공평합니다.

word fair 공평한
students 학생들

fall [fɔːl] 폴 명 가을 동 떨어지다, 넘어지다

Fall is likely to be on its way.

폴 이즈 리이클리 투 비 온 잇츠 웨이

가을이 오는 것 같습니다.

word likely 할 것 같은
way 길, 방향

family [fǽməli] 패밀리 **명** 가족

How large a family do you have?
하우 라지 어 패밀리 두 유 해브

가족은 몇 명입니까?

word large 큰, 다수의

famous [féiməs] 패이머스 **형** 유명한

What is this park famous for?
왓 이즈 디스 팍 패이머스 풔

이 공원은 왜 유명합니까?

word park 공원

fan [fæn] 팬 **명** 선풍기, 부채

Would you turn on the fan?
우드 유 턴 온 더 팬

선풍기를 좀 켜주시겠습니까?

word turn 돌리다, 켜다

F

far [fɑːr] 파 <u>부</u> 멀리, 멀리 떨어져

How far is the subway station from here?
하우 파 이즈 더 서브웨이 스테이션 프럼 히어

여기서 전철역이 얼마나 멀죠?

farm [fɑːrm] 팜 <u>명</u> 농장, 목장

Does a dairy farm pay enough?
더즈 어 데어리 팜 페이 이너프

목장은 벌이가 괜찮은가요?

farmer [fɑːrmər] 파머 <u>명</u> 농부

The farmer is on vacation.
더 파머 이즈 언 버케이션

농부는 휴가 중입니다.

148

fashion [fǽʃən] 패션 **명** 유행

This hat has come into **fashion**.

디스 햇 해즈 컴 인투 패션

이 모자가 유행하기 시작했습니다.

fast [fǽst] 패스트 **형** 빠른

A bird is flying **fast** in the sky.

어 버드 이즈 플라잉 패스트 인 더 스카이

한 마리 새가 하늘에서 빠르게 날고 있습니다.

fat [fæt] 팻 **형** 뚱뚱한, 살찐

Who's that **fat** man over there?

후즈 댓 팻 맨 오버 데어

저 쪽에 뚱뚱한 남자가 누구죠?

F

father [fɑ́:ðər] 파더 명 아버지

My father won't consent.
마이 파더 온트 컨센트

아버지께서는 승낙하지 않으십니다.

word consent 동의하다, 승낙하다

fax [fæks] 팩스 명 팩시밀리

I haven't received your fax yet.
아이 해븐트 리시브드 유어 팩스 앳

당신 팩스를 아직 받지 못했어요.

word received 받아들여진
yet 아직

feel [fi:l] 필 동 느끼다

I feel a lot better today.
아이 필 어 랏 배러 투데이

오늘 훨씬 기분이 좋아요.

word lot 대단히
better 기분이 보다 좋은 / today 오늘

150

fence [fens] 팬스 명 울타리, 담

He jumped over the fence.
히 점프드 오버 더 팬스

그는 울타리를 뛰어넘었습니다.

word jump 뛰어 오르다
over 넘다

few [fju:] 퓨 형 거의 없는

There were few passengers in the bus.
데어 웨어 퓨 패신져즈 인 더 버스

버스에는 승객이 거의 없었습니다.

word few 거의 없는
passengers 승객들

field [fi:ld] 피얼드 명 밭, 들판, 운동장

He is in the field of the 'Happy Farm'.
히 이즈 인 더 피얼드 오버 더 해피 팜

그는 행복 농장의 들판에 있어요.

word happy 행복
farm 농장

F

fight [fait] 파이트 동 싸우다

They **fight** with each other all the time.
데이 파이트 위드 이치 아더 올 더 타임
그들은 매번 서로 싸웁니다.

word each 매번

fill [fil] 필 동 채우다

Fill it up with gasoline, please.
필잇업 위드 가솔린 플리즈
휘발유를 가득 넣어주세요.

word gasoline 휘발유

film [film] 필름 명 필름, 영화

The people are watching a **film**.
더 피플 알 와칭 어 필름
사람들이 영화를 보고 있습니다.

word people 사람들
watching 관전하다

find [faind] 파인드 동 발견하다, 찾아내다

I'll **find** a solution to this problem.

아이 윌 파인더 솔루션 투 디스 프라브럼

이 문제의 해답을 찾겠어요.

word solution 해답
problem 문제

fine [fain] 파인 형 좋은, 훌륭한

We had **fine** weather yesterday.

위 해드 파인 웨더 에스터데이

어제 날씨가 좋았습니다.

word weather 날씨
yesterday 어제

F

finger [fíŋɡər] 핑거 명 손가락

I pinched my **finger** in the door.

아이 핀치드 마이 핑거 인 더 도어

문에 손가락이 끼었습니다.

word pinch 끼다
door 문

153

finish [fíniʃ] 피니쉬 동끝내다

Did you **finish** your homework?

디드유 피니쉬 유어 홈워크

숙제를 끝냈습니까?

word homework 숙제

fire [faiər] 파이어 명불, 화재

A **fire** broke out in her house.

어 파이어 브로크 아웃 인 어 하우스

그녀의 집에 불이 났습니다.

word broke break(깨뜨리다)의 과거 · 과거분사
her 그 여자의 / house 집

fish [fiʃ] 피쉬 명물고기

Fish are abundant in the lake.

피쉬 알 어번던트 인 더 레이크

그 호수에는 물고기가 풍부합니다.

word abundant 풍부한
lake 호수

fishing [fíʃiŋ] 피싱 명 낚시

I go fishing for fun.
아이 고 피싱 풔 펀

재미삼아 낚시질을 합니다.

word fun 재미로

fix [fiks] 픽스 동 고치다, 단정하게 하다, 가다듬다

My dad is going to fix my computer.
마이 대드 이즈 고잉 투 픽스 마이 컴퓨러

아빠가 내 컴퓨터를 고쳐 줄 것입니다.

word dad 아빠 / going 행동, 행위
computer 컴퓨터

flag [flæg] 플래그 명 기, 깃발

Each nation has its own flag.
이치 네이션 해즈 잇츠 온 플래그

각국은 저마다의 국기를 가지고 있습니다.

word Each 각자의
nation 국가

F

floor [flɔːr] 플로워 **명** 마루, 바닥

I will clean the floor.
아이 윌 클린 더 플로워

마루를 청소할게요.

word clean 청결한, 깨끗한

flower [fláuər] 플라워 **명** 꽃

What is the name of that flower?
왓 이즈 더 네임 어브 댓 플로워

저 꽃 이름이 뭐에요?

word name 이름

fly [flai] 플라이 **동** 날다

I can fly in the air.
아 캔 플라이 인 디 에어

난 공중을 날아갈 수 있습니다.

word air 공중

follow [fálou] 팔로우 [동]따르다, 따라가다

I will **follow** you.
아이 윌 팔로우 유
당신을 따르겠습니다.

food [fuːd] 푸드 [명]음식

This **food** looks delicious.
디스 푸드 룩스 딜리셔스
이 음식이 맛있게 보이네요.

word look 보다
delicious 맛있는

fool [fuːl] 풀 [명]바보

Success makes a **fool** seem wise.
석세스 메이크스 어 풀 씸 와이즈
성공은 바보를 현명하게 보이게 한다.

F

foot [fut] 풋 명 발

Which foot hurts?
위치 풋 헐트?

어느 발이 아픕니까?

word hurt 아프다

for [fɔːr] 포어 전 동안, 위해

He battled for freedom.
히 밸럴드 풔 프리덤

나는 자유를 위해 싸웠습니다.

word battl 전투
freedom 자유

forest [fɔ́(:)rist] 포어리스트 명 숲

The pond in the forest was like a mirror.
더 폰 인 더 포어리스트 워즈 라이커 미러

숲속에 있는 그 연못은 거울 같았습니다.

word pond 못
mirror 거울

forget [fərgét] 포겟 동 잊다

Please don't forget to come.
플리즈 돈 포겟 투 컴

잊지 말고 오십시오.

word please 제발
come 오다

fox [faks] 팍스 명 여우

People believe the fox is clever.
피플 빌리브 더 팍스 이즈 클레버

사람들은 여우가 영리하다고 믿고 있습니다.

word people 사람들
believe 믿다 / clever 영리한

free [fri:] 프리 형 한가한, 여유 있는

I'm free all day on Sunday.
아임 프리 올 데이 온 썬데이

일요일은 하루 종일 한가합니다.

word all 모든
day 하루
Sunday 일요일

F

fresh [freʃ] 플래쉬 형 신선한, 새로운

The air is **fresh** and the surroundings are quiet.

디 에어 이즈 플래쉬 앤 더 써라운딩즈 알 콰이엇

공기가 신선하고 환경이 조용합니다.

word air 공기 / surrounding 환경
quiet 조용한

friend [frend] 프랜드 명 친구

I hope we will be good **friends**.

아이 홉 위 윌 비 굿 프랜드

우리는 좋은 친구가 되기를 원합니다.

word hope 희망, 기대
good 좋은

frog [frɔːg] 프러그 명 개구리

There is a **frog** in the pond.

데어 이즈 어 프러그 인 더 폰

연못에 개구리 한 마리가 있어요.

word there 거기에
pond 못

from [frʌm] 프럼 전 ~에서, ~로부터

I got a letter from her yesterday.
아이 갓 어 레러 프럼 허 에스터데이

나는 어제 그녀로부터 편지를 받았습니다.

word letter 편지 / her 그 여자의
yesterday 어제

front [frʌnt] 프런트 명 앞

It's right in front of the exit.
잇츠 라잇딘 프런트 어브 디 엑셋

출구의 바로 앞에 있어요.

word right 옳은, 곧은
exit 출구

fruit [fruːt] 푸룻트 명 과일

What kind of fruit do you like?
왓 카인드 어브 푸룻트 두 유 라잌

어떤 과일을 좋아하십니까?

word kind 종류
like 좋아하다

F

full [ful] 풀 [형] 가득 찬, 가득한

The kitchen sink is **full** of water.

더 키친 싱크 이즈 풀 어브 워러

부엌 싱크대에 물이 가득 있네요.

word kitchen 부엌 / water 물
sink (부엌의) 수채, 물 버리는 곳

fun [fʌn] 펀 [명] 재미, 즐거움, 장난

We had a lot of **fun** at the picnic.

위 해드 어 랏어브 펀 앳 더 피크닉

우리는 소풍을 가서 재미있게 놀았습니다.

word lot 대단히, 크게
picnic 소풍

furniture [fə́:rnitʃər] 퍼니쳐 [명] 가구

What beautiful **furniture**!

왓 뷰티플 퍼니쳐

아름다운 가구이군요!

word beautiful 아름다운

fever 열, 발열	**flower** 꽃	**fishbowl** 어항	**fox** 여우	**frame** 액자	**footing** 발판

exercise **F** 위의 단어를 보고 괄호 안에 들어갈 알맞은 단어를 줄로 이으세요.

❶ fox ●　　　● I can't get rid of the (　　).
열이 가라앉지 않습니다.

❷ fever ●　　　● What is the name of that (　　)?
저 꽃 이름이 뭐예요?

❸ footing ●　　　● People believe the (　　) is clever.
사람들은 여우가 영리하나고 믿고 있습니다.

❹ fishbowl ●　　　● The (　　) is made of metal.
그 액자는 금속으로 되어 있습니다.

❺ flower ●　　　● I lost my (　　).
발을 헛디뎠습니다.

❻ frame ●　　　● There is a live fish in the (　　).
어항에는 살아있는 물고기가 있습니다.

## 02

대명사

대명사는 사람이나 사물의 이름인 명사를 대신하는 말로서 하는 일은 명사와 마찬가지로 문장 안에서 주어, 보어, 목적어 역할을 한다. 대명사에는 여러 가지 형태의 대명사가 있는데 주어일 때와 소유격일 때, 그리고 목적격일 때의 형태가 서로 다르고 단수를 받는 대명사와 복수를 받는 대명사의 형태도 서로 다르다. 이러한 대명사의 형태는 선행사인 명사와 대명사가 처한 위치에 따라 결정된다는 것을 이해해야 한다. 종류로는 인칭대명사(사람을 대신), 지시대명사(사물을 대신), 부정대명사(막연한 사람이나 사물을 나타냄), 의문대명사(의문의 뜻을 나타냄), 관계대명사(대명사와 접속사의 역할을 함께)가 있다.

Unit 1 인칭대명사

대명사는 앞에 나온 명사를 대신한다. 그리고 앞에 나온 명사와 수를 일치시키며 대명사의 위치에 맞는 격 형태를 써야 한다. 다음의 문장을 통해 확인해 보자.

I read the book. It was good. 나는 책을 읽었다. 그것은 좋았다.

My book is here. 내 책은 여기에 있다.

That book is mine. 저 책은 내 것이다.

1 인칭대명사

1인칭, 2인칭, 3인칭을 구분하는 것은 간단하다. 말하는 사람은 언제나 1인칭이고 I와 we가 있다. I는 단수고 we는 복수다. 다만 우리말에서 말하는 사람은 자신을 가리키는 말로 언제나 나를 쓰듯이 영어에서도 I를 쓰는데 다른점은 영어에는 우리말 은/는, 이/가, 을/를 등과 같은 조사가 없기 때문에 '나'가 주어로 사용되느냐 아니면 목적격으로 사용되느냐에 따라서 형태가 변한다. 2인칭은 '너'와 '너희들'에 해당하는 말로써 내가 하는 말을 듣는 사람이다. 듣는 사람이 한 명이면 단수의 you, 두 사람 이상이면 복수의 you가 사용된다. 3인칭은 '그' '그녀' '그들'에 해당하는 말로 말을 하는 사람과 듣는 사람을 제외한 모든 사람과 사물을 가리키는데 대상이 사람이라면 사람(he)인지 여자(she)인지 밝혀주어야만 한다. 그러므로 대명사인 he, she, it, they만이 아니라 모든 명사가 3인칭이 되는 것이다.

사람을 대신하는 명사로서 주격, 소유격, 목적격과 같은 격변화를 한다.

예 I, you, he, she, it, we, they

● 1인칭 주어 I(나)는 항상 대문자로 쓴다. I의 복수형은 We(우리)이다.

I go to church.　나는 교회에 다닙니다.

We can't turn back now.　우리는 지금 되돌아 갈 수는 없습니다.

● 2인칭 주어 you는 상대(당신)를 가리키기도 하지만, we, they처럼 일반적인 사람을 가리키는데 더 자주 쓰인다.

Do you in God?　당신은 신을 믿나요?

They go around together.　그들은 함께 다니고 있습니다.

● 3인칭 주어는 여성을 가리킬 때에는 she, 남성을 가리킬 때에는 he로 한다.

He gave all the glory to God.　그는 신에게 모든 영광을 돌렸습니다.

She came in smiling.　그녀는 웃으면서 들어왔습니다.

- 여성도 남성도 아닌 대상을 가리킬 때에는 it(그것)을 쓴다.

I have a rough idea of it. 나는 그것을 대강 알고 있습니다.

- 인칭대명사 중에서 we, you, they는 '사람들, 인간' 이라는 의미로 사용될 때가 있다.

We must die sooner or later. 인간은 곧 죽지 않으면 안 됩니다.

You should not speak ill of others.
다른 사람을 나쁘게 이야기해서는 안 됩니다.

They say that he is rich. 사람들은 그가 부자라고 말합니다.

2 인칭대명사의 격변화

인칭대명사는 문장에서의 역할에 따라 모양이 달라진다. 주어나 보어로 쓰일 때는 주격, 목적어로 쓰일 때는 목적격, 소유의 뜻을 나타낼 때는 소유격의 모양을 갖춘다. 명사의 경우는 소유격만 알면 되나 대명사는 주격, 목적격, 소유격을 다 알아야 한다.

	인칭	주격	소유격	목적격	소유대명사	재귀대명사
단 수	1인칭	I 나는	my 나의	me 나를	mine 나의 것	myself 나 자신
	2인칭	you 너는	your 너의	you 너를	yours 너의 것	yourself 너 자신을
	3인칭	he 그는	his 그의	him 그를	his 그의 것	himself 그 자신을
		she 그녀는	her 그녀의	her 그녀를	hers 그녀의 것	herself 그녀 자신을
		it 그것은	its 그것의	it 그것을		itself 그 자신을

	인칭	주격	소유격	목적격	소유대명사	재귀대명사
복수	1인칭	we 우리는	our 우리의	us 우리를	ours 우리의 것	ourselves 우리 자신을
	2인칭	you 너희는	your 너희들의	you 너희들을	yours 너희들의 것	yourselves 너희 자신을
	3인칭	they 그들은	their 그들의	them 그것들을	theirs 그들의 것	themselves 그들 자신을

❶ 주격

주격은 주어나 보어가 될 때 쓰이는 형식이다. 인칭대명사가 동사 앞에서 주어로 쓰일 때는 주격의 모양을 가져야 하는데 우리말은 주격이 되려면 '이', '가', '은', '는'과 같은 말이 뒤에 붙지만 영어는 그냥 주격의 인칭대명사를 쓰면 된다.

I go.   나는 간다.

❷ 소유격

소유격이 되면 '~의'라는 소유의 뜻을 가지면 된다. 보통 명사 앞에 쓰여 그 명사가 가리키는 게 누구의 것인지 알려주는 역할을 한다.

My car.   나의 차

❸ 목적격

명사와 달리 인칭대명사는 목적격이 따로 있다. 명사는 목적어로 쓰일 때도 원래 모양 그대로 쓰이며 오직 소유격일 때에만 's를 붙인다. 그러나 인칭대명사에는 목적격이 따로 있어 I에는 me, he에는 him하는 식이다. 목적격은 동사나 전치사의 목적어로 사용될 수 있다. 동사의 목적어로 사용되는 경우이다.

He hit me in the eye.   그는 내 눈을 쳤습니다.

167

Unit 2 지시대명사

눈에 보이는 사물이나 사람을 가리키는 대명사를 지시대명사라고 한다. 지시대명사에는 this와 that, 그리고 it 등이 있다. this는 거리나 시간적으로 가까운 것을 말하며 또한 사물을 가리킬 때 쓰는데 복수형은 these이다. 상대적으로 멀리 있는 사람이나 사물을 가리킬 때는 that을 쓰고 복수형은 those이다. 그러나 이렇게 복수인 지시대명사는 주로 사물이나 동물을 가리킬 뿐 사람을 가리키진 않는다. 특히 that이나 those의 경우에는 주로 한 문장 내에서 반복되어 쓰이는 명사를 받는 경우가 있는데 그 형식은 언제나 that/those of …이다. it은 '그것'을 나타내는데 그 뜻 외에도 여러 용법을 가지고 있다.

예 this, that, these, those

1 지시대명사의 평서문

● 거리나 시간상 자신과 가까운 것은 this, 조금떨어진 것은 that으로 한다.

This is a table.   이것은 탁자입니다.
That is a book.   저것은 책입니다.

● 전화로 대화를 할 때는 자기 자신은 가까우니까 this로 가리키며 상대방은 멀기 때문에 that으로 가리킨다.

This is Mr. Brown speaking.   저는 브라운입니다.
Is that Tom on the phone?   탐이니?

- this의 복수형은 these이고 that의 복수형은 those이다.

These are look fresh.   이것들은 신선해 보인다.

Those are roses.   저것들은 장미이다.

- it은 여러 용법을 가지고 있다. it의 가장 중요한 기능은 특정한 사람이나 사물을 가리키는데 있지만 특별한 용법은 아무 뜻도 없고 따라서 번역도 하지 않는데 있다.

It rained today.   오늘은 비가 내렸어요.

It is Sunday.   일요일이에요.

2 지시대명사의 의문문

- be동사와 주어의 자리를 바꾸고 마지막에 물음표를 넣어주어 만든다.

Is this an apple?   이것은 사과이니?

Are those your brothers?   저 사람들이 너의 형제들이니?

- 단수일 때 대답은 Yes it is / No it isn't 로하고 복수일 때는 Yes, they are / No, they aren't로 한다.

Is this a rose?   이것은 장미니?

No, it isn't rose.   아니오, 이것은 장미가 아니에요.

3 지시대명사의 부정문

- 지시대명사의 부정문은 주어 동사 다음에 not을 넣어서 만들어 준다.

This is not a dog.   이것은 개가 아니다.

Those are not my family.   저들은 나의 가족이 아니다.

Unit 3 부정대명사

부정대명사는 그것이 누구를, 혹은 무엇을 가리키는지 명확하지 않기 때문에 그렇게 부른다.

1 부정대명사에는 다음과 같은 것이 있다

some, any, another, both, all, one, either, each, none, oter, anyone, someone, nobody, anybody, everybody… 부정대명사 가운데서 all, both, each, some, any, either 등과 복합부정대명사를 만드는 every, no 등은 한정사로도 쓰인다.

● a ll 은 사람을 뜻할 때에는 복수로 간주되며 사물이나 상황을 나타낼 때에는 단수로 간주된다.

All are dead. 모든 사람이 죽었습니다.

All is lost. 만사가 허사가 되었습니다.

● a ll 은 다음과 같은 명사구를 만든다.

all of my friends

all my friends

2 부정대명사의 용법

❶ one의 용법

one이 일반인을 가리킬 때의 소유격은 반드시 one's이고 한 사람을 가리킬 때의 소유격은 his이다.

One should obey one's parents. 사람은 부모님께 순종해야 합니다.

One took his book and the other took his pen.

한 사람은 그의 책을 들었고 다른 사람은 그의 펜을 들었습니다.

❷ another의 용법

Will you have another cup of coffee? 커피 한 잔 더 드시겠습니까?

From that time on, he became another man.

그 때부터 그는 다른 사람이 되었습니다.

If I am a fool, you are another. 만일 내가 바보라면, 당신 역시 바보입니다.

❸ some과 any의 용법

some은 긍정문에, any는 의문문, 부정문, 조건문에 사용한다.

I have some work to do. 난 할 일이 조금 있어요.

I don't have any work to do. 난 할 일이 조금도 없어요.

❹ every와 each의 용법

Every~, Each~는 다 같이 단수로 취급하여 소유격은 his(her)이다.

Each of the mans has his own car.

그 사람들 각자가 자기 차를 가지고 있습니다.

Every mans should do his duty. 모든 사람들은 자기의 의무를 다해야 합니다.

❺ both의 용법

both는 두 사람을 나타내고 '두 사람 다 함께'라는 의미를 나타낸다.

Both of them are honest. 그들은 둘 다 정직합니다.

They are both single. 두 명 다 독신입니다.

❻ either와 neither의 용법

either는 2개 혹은 두 사람 중의 어느 쪽인가의 한쪽이라는 의미이지만 양쪽 모두라고 하는 의미로 사용되는 경우도 있다. either에 not이 붙으면 neither와 같은 의미로 '어느 쪽도 ~아니다' 라는 전체부정의 표현이 된다. either, neither는 언제나 단수 취급한다.

Either of you has to go shopping.

당신들 중에 누구 하나가 장을 보러 가야합니다.

If you don't want it, neither do I. 당신이 가지 않으면 나도 가지 않겠습니다.

❼ such의 용법

such는 '이런 것, 그런 것'의 의미이고 대명사로도 형용사로도 쓰인다.

Such work gains police the respect and support of the community.

이러한 활동에 의해서 경찰은 지역 사회 사람들의 존경과 지지를 획득합니다.

Don't get involved in such a group. 그런 단체에는 어울리지 마세요.

③ 부정대명사의 특징

부정대명사는 종류가 많다. 그 중에서 꼭 알아야 할 것이 있다.

❶ 부정대명사는 격변화가 단순하다

목적격이 따로 있지는 않으나 소유격은 있는 것도 있고 없는 것도 있다. 소유격이 있는 것은 명사의 소유격을 만드는 것처럼 's만 붙이면 된다. one은 one's가 되고 everybody는 everybody's가 된다. 하지만 소유격이 아예 없는 것이 있는데 both나 each, all과 같은 것들이다.

❷ 부정대명사에는 성이 없다

막연한 사람이나 사물, 동물들을 가리키다 보디 남성을 가리키는지 여성을 가리키는지 분명하지 않을 때가 있다.

Each has own position. 사람들은 각각 자신의 입장이 있습니다.

❸ 수가 문제되는 경우가 있다

하나를 가리키는 것은 단수이고 여럿을 가리키는 것은 복수이지만 그렇지 않은 경우가 있다. 예를 들자면, one은 한 사람이지만 한 사물을 가리키니까 단수이고 both는 두 사람을 가리키니까 복수가 된다. 그러나 everybody는 '모든 사람'을 가리키면서도 단수로 취급된다.

Unit 4 의문대명사

의문을 나타낼 때 쓰인다고 하여 의문대명사라고 하는데 주어나 목적어, 즉 '누구', '무엇', '어느 것'에 해당되는 사항이 궁금할 때 이들 의문대명사를 써서 질문하면 된다.

예 who, what, which, when, where, how, why

의문사 + 동사 + 주어의 형태로서 직접 상대편에게 묻는 형식이 직접의문문이며 직접의문문이 다른 문장에 포함되어 다른 문장의 일부분이 되는 경우를 간접의문문이라고 한다. 이때의 어순은 반드시 의문사 + 주어 + 동사이다.

I don't know who that man is. 나는 그 사람이 누구인지 모릅니다.
Do you know what he wants? 그가 무엇을 원하는지 당신은 알고 있습니까?

What do you think **he wants**? 그가 무엇을 원한다고 생각하십니까?

How old do you think **she is**? 당신은 그녀가 몇 살이라고 생각하십니까?

● 의문사의 문장

대표적인 의문사에는 when, where, who, what, how, why, which가 있다. 위에 명기된 7가지의 단어가 의문사이다. 이 의문사가 문장 앞에 나오면 그 문장은 의문문이 된다. What a pretty this is! How pretty this is! 처럼 what how가 감탄사로 쓰일 때는 문장 앞에 와도 의문문이 되지 않는다.

이들 의문사의 공통점은 how만 제외하고는 6개 모두가 wh로 시작된다.

※ 의문사가 문장 중간에 있으면 관계되는 말이라 하여 관계사 혹은 관계 대명사 일수도 있다.

의문사의 문장	관계대명사가 되는 경우
When did they leave? 언제 떠났습니까?	I went home when they left. 그들이 떠났을 때 나는 집에 갔습니다.
Where are you? 당신은 어디에 있습니까?	I am at that building on the corner, where there are many people. 나는 사람들이 많이 있는 그 건물 모퉁이에 있습니다.
Who makes this cake? 주가 이 과자를 만듭니까?	You are the one who didn't close door. 문을 닫지 않는 사람이 바로 당신이었네요.
What is this? 이것은 무엇입니까?	Those tables are what I gave you last week. 저 테이블들은 내가 지난주에 당신에게 준 것입니다.

How much would you want? 얼마나 많이 원하십니까?	They don't know how I will teach them. 내가 어떻게 가르칠지 그들은 모릅니다.
Why do you argue with him? 왜 그와 다투지요?	Now I understand why she is crying. 지금 그 여자가 왜 울고 있는지 나는 압니다.
Which one would you one? 어떤 것을 좋아합니까?	He knows which way to go. 그는 어느 방향으로 가는지 압니다.

game [geim] 게임 명 놀이, 게임, 시합

Is there a **game** for beginners?

이즈 데어러 게임 풔 비기너스

초보자를 위한 게임이 있습니까?

그무줄놀이 는 즐거워~

word beginners 초보자들

garden [gá:rdn] 가든 명 정원

The **garden** is tastefully laid out.

더 가든 이즈 테스터풀리 래이드 아웃

정원이 우아하게 꾸며져 있습니다.

word tastefully 우아한
　　　　laid 가로놓인

gas [gæs] 게스 <u>명</u> 가스

He tracked out a **gas** leak.
히 트랙트 아웃 어 게스릭
그는 가스가 새는 것을 탐지해냈습니다.

word track 통로
leak 새는 곳

gate [geit] 게이트 <u>명</u> 문, 출입문

The woman is opening the **gate**.
더 우먼 이즈 오프닝 더 게이트
여자가 문을 열고 있습니다.

gentle [dʒéntl] 젠틀 <u>형</u> 온화한, 상냥한

He is **gentle** to a fault.
히 이즈 젠틀 투 어 폴트
그 사람은 너무 점잖습니다.

word fault 과실, 결점

G

get [get] 겟 동 얻다, 사다

I'll **get** you a brown bag lunch tomorrow morning.
아이윌 겟 유 어 브라운 백 런치 투머러 모닝
내일 아침에 도시락을 갖다 줄게요.

gift [gift] 기프트 명 선물

This is a **gift** for you.
디스 이즈 어 기프트 풔 유
이것은 당신에게 드리는 선물입니다.

giraffe [dʒəræf] 쥐라프 명 기린

A **giraffe** has a long neck.
어 쥐라프 해즈 어 롱 넥
기린의 목은 깁니다.

word long 긴
neck 목

girl [gəːrl] 걸 명 소녀

That **girl** is my pretty offspring.
댓 걸 이즈 마이 프리티 어프스프링
저 소녀는 사랑스러운 나의 자식입니다.

word pretty 예쁜, 귀여운
offspring 자식

give [giv] 기브 동 주다

I have something to **give** you.
아이 해브 썸씽 투 기브 유
당신에게 드릴 것이 있습니다.

word something 무언가

glad [glæd] 글래드 형 즐거운, 기쁜

I am so **glad** you called.
아이 앰 쏘 글래드 유 콜드
전화해줘서 너무 반가와요.

word call 부르다, 전화를 걸다

G

glass [glæs] 글라스　명 유리, 잔

I want a glass of juice.
아이 원트어 글라스 어브 쥬스
주스 한 잔 마시고 싶습니다.

word　want ~을 원하다
　　　juice 주스

glove [glʌv] 글러브　명 장갑

The boy is wearing a glove.
더 보이 이즈 웨어링 어 글러브
소년은 장갑을 끼고 있습니다.

word　wearing 입도록 지어진

go [gou] 고　동 가다

Does this motorcycle go to that direction?
더즈 디스 모러사이클 고 투 댓 디렉션
이 오토바이는 그 방향으로 갑니까?

word　motorcycle 오토바이
　　　direction 방향

goat [gout] 고우트 명 염소

I roped the **goat** to a post.
아이 롭프드 더 고우트 투어 포스트

나는 염소를 말뚝에 묶었습니다.

word rope 새끼, 줄
post 말뚝

god [gɑd] 가드 명 신

Do you believe in **God**?
두 유 빌리브 인 가드

당신은 신을 믿나요?

gold [gould] 골드 명 황금, 금

Is this **gold** genuine or imitation?
이즈 디스 골드 제뉴언 오어 이미테이션

이 금은 진짜입니까, 가짜입니까?

word genuine 진짜의
imitation 가짜의

G

181

golf [gɑlf] 골프 **명** 골프

She has a talent for golf.
쉬 해즈 어 탈렌트 풔 골프
그녀는 골프에 소질이 있습니다.

word talent 재능, 소질

good [gud] 굿 **형** 착한, 좋은

I'm in fairly good shape.
아임 인 페어리 굿 쉐이프
저는 건강상태가 아주 좋습니다.

word fairly 공평히, 상당히
shape 모양, 형상

grandfather [grǽndfɑ̀:ðər] 그랜드파더 **명** 할아버지

Grandfather is sound as
a bell.
그랜드파더 이즈 사운드 에즈 어 벨
할아버지는 매우 건강하십니다.

word sound 확실한, 튼튼한
bell 종

grandmother [grǽndmʌ̀ðər] 그랜드마더 명 할머니

Her **grandmother** is hard of hearing.
허 그랜드마더 이즈 하드 어브 히어링
그녀의 할머니는 귀가 어두우십니다.

word hard 굳은, 어려운
hearing 청각

grape [greip] 그레이프 명 포도

The **grapes** are in the basket.
더 그래이프 알 인 더 바스켓
포도가 바구니 안에 있습니다.

word basket 바구니

grass [græs] 그라스 명 풀, 잔디

The spring showers make **grass** grow.
더 스프링 샤워스 메이크 그라스 그로우
봄비는 풀을 자라게 합니다.

word spring 봄 / shower 소나기
make 만들다 / grow 자라다

G

183

gray [grei] 그레이 명 회색 형 회색의

The sky is full of gray clouds today.
더 스카이 이즈 풀 어브 그레이 쿠드 투데이

오늘은 하늘이 온통 잿빛구름으로 가득 차 있군요.

word sky 하늘 / full 찬, 가득한
cloud 구름 / today 오늘

great [greit] 그레이트 형 큰, 거대한

The book obtained a great reputation.
더 북 업테인드 어 그레이트 레퓨테이션

그 책은 큰 인기를 얻었습니다.

word book 책 / obtain 얻다
reputation 평판, 명성

green [gri:n] 그린 명 녹색, 녹색의

Wait until the light turns green.
웨잇 언틸 더 라잇 턴즈 그린

파란 불이 켜질 때까지 기다리세요.

word wait 기다리다
until 까지 / light 빛

ground [graund] 그라운드 **명** 땅, 지면

Snow lay thick on the
ground.
스노우 레이 씩 온 더 그라운드
많은 눈이 쌓여 있습니다.

word snow 눈
thick 두꺼운

group [gru:p] 그룹 **명** 모임, 집단, 무리

Locusts fly in a large
group and eat crops.
루키 플라이 인어 라지 그룹 앤 잇 클랍
메뚜기는 떼를 지어 날고 농작물을 먹습니다.

word Locust 메뚜기 / fly 날다
large 넓은 / eat 먹다 / crop 농작물

grow [grou] 그로우 **동** 자라다, 성장하다

Where did you **grow** up?
웨어 디ᄃ 유 그로우 입
어디서 자랐어요?

word where 어디서

G

guide [gaid] 가이드 명 안내자 동 안내하다

Do you have a guide?
두 유 해브 어 가이드
가이드가 있습니까?

guitar [gitáːr] 기타 명 기타

The woman is playing a guitar.
더 우먼 이즈 플래잉 어 기타
여자가 기타를 연주하고 있습니다.

word woman 여자
playing 연주하다

gun [gʌn] 건 명 총

The police made a grasp at the gun.
더 폴리스 메이드 어 구라스 엣 더 건
경찰은 총을 꽉 붙잡았습니다.

word police 경찰
grasp 붙잡다

gorilla 고릴라　　**gymnastics** 체조　　**grape** 포도　　**goat** 염소　　**giraffe** 기린　　**goose** 거위

exercise **G** 위의 단어를 보고 괄호 안에 들어갈 알맞은 단어를 줄로 이으세요.

① goose •

• A (　) has a long neck.
기린의 목은 깁니다.

② goat •

• I teach sign language to (　).
고릴라에게 수화를 가르쳐요.

③ grapes •

• Can you see the (　) in the pond?
연못에 있는 거위가 보이나요?

④ gymnastics •

• The (　)are in the basket.
포도가 바구니 안에 있습니다.

⑤ giraffe •

• I roped the (　) to a post.
나는 염소를 말뚝에 묶었습니다.

⑥ gorilla •

• I was pretty good at (　).
나는 체조를 꽤 잘 했었습니다.

hair [hɛər] 헤어 〔명〕 머리카락

I need to get my **hair** trimmed.

아이 니드 투 겟 마이 헤어 트림드

머리를 좀 다듬어야겠습니다.

word need 필요
get 얻다 / trim 다듬다

half [hæf] 해프 〔명〕 절반 〔부〕 반쯤

Half of my time is spent reading.

해프 어브 마이 타임 이즈 스펜트 리딩

내 시간의 절반은 독서하는 데 씁니다.

word time 시간 / spent 다 써버린
reading 읽기, 독서

시간때우기

188

hall [hɔːl] 홀 명홀, 집회장, 현관

The **hall** is bursting with people.
더 홀 이즈 버스팅 위드 피플

홀은 사람으로 꽉 차 있습니다.

word burst 갑자기 ~한 상태가 되다
people 사람들

hamburger [hǽmbə̀ːrgər] 명햄버거
햄버거

The boy is eating a **hamburger**.
더 보이 이즈 이팅 어 햄버거

소년이 햄버거를 먹고 있습니다.

word eating 먹기

hand [hænd] 핸드 명손

I felt her **hand** touched me.
아이 펠트 허 핸드 터치드 미

그녀의 손이 내게 닿는 것을 느꼈습니다.

word touch 닿다

H

189

handle [hǽndl] 핸들 명 손잡이 동 다루다

The handle feels heavy.
더 핸들 필즈 헤비
핸들이 무겁습니다.

word feel 만지다
heavy 무거운

hang [hæŋ] 행 동 매달다, 매달리다

Hang in there.
행 인 데어
조금만 참아.

happen [hǽpən] 해펀 동 (사건이)일어나다, 발생하다

It is not clear what will happen next.
잇 이즈 낫 클리어 왓 윌 해펀 넥스트
다음에는 어떤 일이 일어날지 분명치 않습니다.

word clear 분명한 / next 다음의

happy [hǽpi] 해피 형 행복한

He lived a **happy** life.

히 리브드 어 해피 라이프

그는 행복한 삶을 살았습니다.

word live 살다
life 생명, 삶

hard [hɑːrd] 하드 형 어려운, 단단한 부 열심히

It is not **hard** to ascertain why.

잇 이즈 낫 하드 투 애설틴 와이

이것은 확인하기 어려운 게 아닙니다.

word ascertain 확인하다

hat [hæt] 햇 명 모자

He stood with his **hat** off.

히 스투드 위드 히즈 햇 어프

그는 모자를 벗고 서 있었습니다.

word stood stand(일어서다)의 과거 · 과거분사

H

191

hate [heit] 헤이트 통 미워하다, 싫어하다

I hate cold meals.
아이 헤이트 콜드 밀스
나는 찬 음식을 싫어합니다.

`word` meal 식사

have [hæv] 해브 통 가지다, 시키다, 먹다

I usually have lunch at noon.
아이 유쥬얼리 해브 런치 앳 눈
나는 대개 정오에 점심을 먹습니다.

`word` usually 보통, 대개
lunch 점심 / noon 정오

he [hi:] 히 대 그가, 그는

He ate all of it.
히 에이트 올 어브잇
그는 그것을 다 먹었습니다.

`word` eat 먹다
all 전부

head [hed] 해드 **명** 머리, 우두머리, 대표

She fell and hurt her head.
쉬 펠 앤 허트 허 해드
그녀는 넘어져서 머리를 다쳤습니다.

word hurt 상처 내다

health [helθ] 핼쓰 **명** 건강

To his health toast!
투 히즈 핼쓰 토우스투
그의 건강을 위하여 축배!

word toast 축배

hear [hiər] 히어 **동** 들리다, 듣다

Can you hear that noise?
캔 유 히어 댓 노이즈
저 소음이 들립니까?

word noise 소음, 시끄러운

H

heart [haːrt] 하트 명 심장, 가슴, 마음

Her **heart** swelled with sorrow.

허 하트 스웰드 위드 싸로우

그녀의 마음은 슬픔으로 가득 찼습니다.

heavy [hévi] 해비 형 무거운

I set down the **heavy** load in a room.

아이 셋 다운 더 해비 로드 인 어 룸

나는 무거운 짐을 방에 내려놓았습니다.

`word` set 놓다 / down 아래로
load 무거운 짐 / room 방

height [hait] 하이트 명 높이

How **high** is that building?

하우 하이 이즈 댓 빌딩

저 건물의 높이는 얼마나 됩니까?

`word` building 건물

hello [helóu] 헬로우 **감** (가벼운 인사)안녕

Hello, how may I help you?
헬로우 하우 메이 아이 핼프 유
안녕하세요. 무엇을 도와 드릴까요?

helmet [hélmit] 핼맷트 **명** 안전모, 철모

None of the workers are wearing **helmets**.
논 어브더 워커스 알 웨어링 핼맷츠
인부들은 아무도 헬멧을 쓰지 않았습니다.

word none 아무도 / worker 노동자
wearing 입도록 지어진

help [help] 핼프 **명** 도움 **동** 돕다

I don't want you to **help** me.
아이 돈트 원츄 투 핼프 미
나는 당신이 도와주는 것을 바라지 않습니다.

H

195

hen [hen] 핸 명 암탉

A hen lays white eggs.
어 핸 레이즈 와이트 에그스
암탉이 하얀 알을 낳습니다.

word lay 낳다
white 하얀
egg 알

her [hər] 허 대 그녀를, 그녀에게

When is her birthday?
웬 이즈 허 벌쓰데이
언제가 그녀 생일이지요?

word birthday 생일

here [hiər] 히어 명 여기, 이 곳 부 여기에서, 여기에

I come here very rarely.
아이 컴 히어 베리 레얼리
내가 여기에 오는 일은 극히 드뭅니다.

word come 오다
rarely 드물게, 좀처럼

hero [híərou] 히어로 **명** 영웅

The man is a veritable hero.
더 맨 이져 배어럽블 히어로

그는 진정한 영웅입니다.

word veritable 진정한

hi [hai] 하이 **감** 안녕

Hi, am I calling too late?
하이 앰 아이 콜링 투 래잇트

안녕, 내가 너무 늦게 전화했지?

word calling 부름
late 늦은

hide [haid] 하이드 **동** 숨다, 숨기다

I have nothing to hide!
아이 해브 낫씽 투 하이드

나는 숨길 것이 없다!

word nothing 아무 것

H

high [hai] 하이 형 높은

The stairs are high and steep.
더 스테어스 알 하이 앤 스팁

계단이 높고 가파릅니다.

word stair 계단
steep 가파른

hiking [háikiŋ] 하이킹 명 하이킹, 도보여행

It was a nice day for hiking.
잇 위즈 어 나이스 데이 풔 하이킹

하이킹하기에 멋진 날씨였습니다.

word nice 좋은
day 낮, 하루

hill [hil] 힐 명 언덕

The car could negotiate the hill.
더 카 쿠드 네고시에이트 더 힐

그 차는 언덕을 잘 빠져나갔습니다.

word car 차
negotiate 뚫고 나아가다

198

history [hístəri] 히스토리 명 역사

I am not good at history.
아이 앰 낫 굿 앳 히스토리
나는 역사를 잘 하지 못합니다.

hit [hit] 힛트 동 치다, 때리다

The song hit the public taste.
더 송 힛트 더 퍼블릭 테이스트
그 노래는 대중의 취향에 딱 맞습니다.

word song 노래
public 대중의 / taste 취미

hobby [hábi] 하비 명 취미

What's your hobby?
왓츠 유어 하비
취미가 뭡니까?

H

hold [hould] 홀드 동 잡다, 쥐다, 가지다

We were holding hands.

위 워 홀딩 핸즈

우리는 손을 잡고 있었습니다.

word hand 손

hole [houl] 홀 명 구멍

A volcano blast tore a hole in the mountain.

어 볼케이노 브레스트 투어러 홀 인 더 마운틴

화산폭발로 산에 구멍이 뚫렸습니다.

word volcano 화산 / blast 폭발
tore tear(찢다)의 과거 / mountain 산

holiday [hálədèi] 홀리데이 명 휴가, 휴일

The shop will be closed for the holiday.

더 샵 월 비 클로우즈드 풔 더 홀리데이

그 가게는 휴일에 문을 닫을 겁니다.

word shop 가게
closed 닫힌

home [houm] 홈 명 가정, 집

I have to go home now.
아이 해브 투 고 홈 나우
나는 지금 집에 가야 합니다.

word go 가다
　　　 now 지금

homework [hóumwə̀ːrk] 홈워크 명 숙제

Did you finish your homework?
디드 유 피니쉬 유어 홈워크
숙제를 끝냈습니까?

word finish 끝내다

honeymoon [hʌ́nimùːn] 허니문 명 신혼여행

Where are you going for your honeymoon?
웨어 알 유 고잉 풔 유어 허니문
신혼여행 어디로 가실 거예요?

word where 어디로
　　　 going 가기

H

hope [houp] 홉 명 희망, 바람 동 바라다, 희망하다

They surrendered all hope of being rescued.

데이 써랜더드 올 홉 어브 빙 레스큐드

그들은 구조될 것이라는 희망을 포기했다.

word surrender 포기하다
being 존재 / rescue 구조하다

horse [hɔːrs] 홀스 명 말

She had never ridden a horse before.

쉬 해드 네버 리든 어 홀스 비포어

그녀는 전에 말을 타 본 적이 한 번도 없었습니다.

word never 일찍이 / before 이전에
ridden ride(타다)의 과거, 과거분사

hose [houz] 호스 명 호스

He's spraying water with a hose.

히즈 스프레잉 워러 위드 어 호스

그는 호스로 물을 뿌리고 있습니다.

word spray 뿌리다
water 물

202

hospital [háspitl] 하스피덜 명 병원

I went to the hospital today.

아이 웬튜더 하스피덜 투데이

오늘 나는 병원에 갔었습니다.

word went go(가다)의 과거
today 오늘

hot [hɑt] 핫 형 뜨거운, 매운

I like hot weather more than cold weather.

아이 라잌 핫 웨더 모어 댄 콜드 웨더

나는 추운 날씨보다 더운 날씨를 좋아합니다.

word cold 추운
weather 날씨

hotel [houtél] 호텔 명 호텔

I think the service in this hotel is super.

아이 씽크 더 서비스 인 디스 호텔 이즈 수퍼

이 호텔의 서비스는 최고라고 생각합니다.

word think 생각하다
service 서비스 / super 최고의

H

hour [áuər] 아워 **명** 시간, 시각

His speech continued for an **hour**.

히즈 스피치 컨티뉴드 풔 언 아워

그의 연설은 한 시간 계속되었습니다.

word speech 말, 연설
continue 계속하다

house [haus] 하우스 **명** 집

Stop by my **house** sometime.

스탑 바이 마이 하우스 썸타임

우리 집에 한번 놀러 오세요.

word sometime 언젠가

how [hau] 하우 **부** 어떻게, 어느 정도, 얼마만큼

How long will the trip take?

하우 롱 윌 더 트립 테이크

그 여행은 얼마나 오래 걸립니까?

word long 긴
trip 여행

hundred [hʌ́ndrəd] 헌드레도 명 백 형 백의

I have a **hundred** dollars
in my wallet.

아이 해브 어 헌드레도 달러스 인 마이 월렛

내 지갑에 100달러가 있습니다.

word wallet 지갑

hungry [hʌ́ŋgri] 헝그리 형 배고픈, 굶주린

I'm so **hungry** I could eat
a horse.

아임 쏘 헝그리 아이 쿠드 잇 어 호올스

배가 너무 고파서 나는 뭐든지 먹을 거예요.

word eat 먹다

hunt [hʌnt] 헌트 명 사냥, 추적, 탐색 동 사냥하다

The hunter had a **hunt** for
that rabbit.

더 헌터 해드 어 헌트 풔 댓 래빗

사냥꾼은 토끼를 사냥했습니다.

word hunter 사냥꾼
rabbit 토끼

H

hurry [hə́:ri] 허리 동 서두르다, 급한 상태

I was in a **hurry** this morning.

아이 워즈 인 어 허리 디스 모닝

오늘 아침 나는 서둘렀습니다.

word morning 아침

hurt [hə́:rt] 헐트 동 아프다, 다치다

He fell and **hurt** his eye.

히 펠 앤 헐트 히즈 아이

그는 넘어져서 눈을 다쳤어요.

word fell fall(넘어지다)의 과거

eye 눈

husband [hʌ́zbənd] 허즈번드 명 남편

Does your **husband** work?

더즈 유어 허즈번드 워크

남편이 하는 일이 있습니까?

word work 일

hippo	handbag	hat	house	hamburger	horse
하마	핸드백	모자	집	햄버거	말

exercise H 위의 단어를 보고 괄호 안에 들어갈 알맞은 단어를 줄로 이으세요.

❶ handbag • • It's the (　　)!
바로 하마입니다!

❷ horse • • The boy is eating a (　　).
소년이 햄버거를 먹고 있습니다.

❸ hamburger • • He stood with his (　　) off.
그는 모자를 벗고 서 있었습니다.

❹ hat • • She carries her (　　) wherever she goes.
그녀는 가는 곳마다 핸드백을 가지고 갑니다.

❺ hippo • • Stop by my (　　) sometime.
우리 집에 한번 놀러 오세요.

❻ house • • She had never ridden a (　　) before.
그녀는 전에 말을 타 본 적이 한 번도 없었습니다.

ice [ais] 아이스 명 얼음, 빙판

The South Pole is covered with ice.
더 사우스 폴 이즈 커버드 위드 아이스

남극은 얼음으로 덮여 있습니다.

word South 남쪽 / Pole 극, 극지
covered 덮인

idea [aidíːə] 아이디어 명 생각, 아이디어

His idea attracted a lot of attention.
히즈 아이디어 어트랙티드 어 랏 어브 어텐션

그의 생각은 많은 관심을 끌었습니다.

word attract 끌다 / lot 많음
attention 주의, 관심

idle [áidl] 아이들 형 게으른

Having been idle is the cause of his failure.
해빙 빈 아이들 이즈 더 커즈 어브 히즈 페일리어

게을렀던 것이 그의 실패의 원인입니다.

word cause 원인
　　　 failure 실패

idol [áidl] 아이돌 명 우상, 인기인

Popular singers are idols for millions of people.
파플러 싱거스 알 아이돌 풔 밀리언 어브 피플

인기 가수들은 많은 사람들의 우상이지요.

word popular 대중적인
　　　 singer 노래하는 사람

if [if] 이프 접 만일 ~라면

If it were not for water, what would happen?
이프 잇 워 낫 풔 워러 왓 우드 해펀

만일 물이 없다면 어떻게 될까요?

word water 물
　　　 happen 일어나다

ill [il] 일 형 병든, 건강이 나쁜

She fell **ill** for a month.
쉬 펠 일 풔러 먼스
그녀는 한 달 동안 아팠습니다.

word month 한 달

import [impɔ́:rt] 임폴트 동 수입하다

We **import** gasoline from other countries.
위 임폴트 게솔린 프럼 아더 컨츄리즈
우리는 다른 나라들로부터 휘발유를 수입합니다.

word gasoline 휘발유 / from ~로부터
other 다른 / country 나라

important [impɔ́:rtənt] 임폴던트 형 중요한

Family is **important** to me.
패밀리 이즈 임폴던트 투 미
가족은 저에게 중요합니다.

word family 가족

210

in [in] 인 전 안(속)에서, ~에 있어서

He is employed in a bank.
히 이즈 임플로이드 인 어 뱅크
그는 은행에 근무하고 있습니다.

word employ 쓰다, 고용하다

information [ìnfərméiʃən]
인포메이션 명 정보

Where can I find such information?
웨어 캔 아이 파인드 서취 인포메이션
그런 정보는 어디서 구할 수 있습니까?

word such 그러한

ink [iŋk] 잉크 명 잉크

There is little ink in the bottle.
데어이즈 리틀 잉크 인 더 바를
병에 잉크가 조금밖에 없습니다.

word little 작은, 조금
bottle 병

insect [ínsekt] 인섹트 명 곤충

I like insects.
아이 라잌 인섹트
나는 곤충을 좋아합니다.

word like 좋아하다

inside [ínsáid] 인사이드 명 안쪽

He climbed back inside his car.
히 클라임드 백 인사이드 히즈 카
그는 자기의 차에 다시 올라탔습니다.

word climb 오르다 / back 안쪽 / car 차

interest [íntərəst] 인터레스트 명 관심, 흥미

He has great interest in sports.
히 해즈 그레이트 인터레스트 인 스포츠
그는 운동에 대단한 흥미를 가지고 있어요.

word great 대단한
sport 운동

212

into [íntu] 인투 **전** 안으로, 속으로

The dog burrowed into a blanket.
더 도그 버러드 인투어 블렁켓

그 개가 담요 안으로 파고들었습니다.

word dog 개 / burrow 파고들다
blanket 담요

introduce [ìntrədjúːs] 인투러듀스 **동** 소개하다

Allow me to introduce myself.
얼라우 미 투 인투러듀스 마이셀프

제 소개를 하겠습니다.

word allow 허락하다
myself 나 자신

invite [inváit] 인바이트 **동** 초대하다

Can you invite me?
캔 유 인바이트 미

당신은 나를 초대할 수 있습니까?

invitation

island [áilənd] 아일랜드 명 섬

The **island** appeared uninhabited.

디 아일랜드 어퓨어드 언인해빗티드

섬은 무인도같이 보였습니다.

word appear 나타나다
uninhabited 사람이 살지 않는

it [it] 잇 대 그것, 날씨를 나타낼 때, 사람을 나타낼 때

I bought **it** for cash.

아이 밧잇 풔 캐쉬

그것을 현금으로 샀습니다.

word bought buy(사다)의 과거 · 과거분사
cash 현금

item [áitəm] 아이텀 명 항목

The **item** is out of stock.

디 아이텀 이즈 아웃 어브 스탁

그 상품은 품절됐습니다.

word stock 수중에 있는, 재고의

214

internet
인터넷

insect
곤충

iron
다리미

ice cream
아이스크림

inline
인라인

exercise | 위의 단어를 보고 괄호 안에 들어갈 알맞은 단어를 줄로 이으세요.

➊ internet ● ● I like (   ).
나는 곤충을 좋아합니다.

➋ inline ● ● Our access to the (   ) is poor.
인터넷에 접속하는데 어려움을 겪고 있어요.

➌ insects ● ● May I buy some (   ) for you?
아이스크림 좀 사 드릴까요?

➍ ironed ● ● She is a star (   ) skater.
그녀는 스타급 인라인 스케이트 선수입니다.

➎ ice cream ● ● The pants were (   ) by my mom.
바지는 엄마에 의해 다려졌습니다.

215

동사

영어 문장을 만드는데 있어서 가장 중심이 되는 것이 바로 동사이다. 특별한 문장을 제외하고는 거의 모든 문장에 동사가 있으며 영어에서는 필수적이다. 왜냐하면 모든 문장은 동사를 중심으로 이루어지기 때문이다. 동사는 무엇이든지 사람이나 대상을 언급할 때 수단이 되는 단어이며 행동이나 존재 또는 상태를 표현하는 단어이다.

Unit 1 Be 동사에 대하여

1 am / is / are

be동사는 '~이다, ~이 있다' 는 의미로 인칭과 단·복수에 따라 형태가 달라진다.

I am very happy to see you.　만나게 되어 정말 기뻐요.

I'm from Korea.　나는 한국에서 왔습니다.

My name is Lee in soo.　내 이름은 이 인수입니다.

What day is today?　오늘은 무슨 요일입니까?

I'm sorry I'm late.　늦어서 죄송합니다.

Are you studying hard?　공부 열심히 하고 있나요?

긍정문은 '~이다, 있다, 그렇다, 한다, 먹는다, 간다, 온다' 등의 뜻이고 부정

216

문은 '~아니다, 없다, 그렇지 않다, 안 먹는다, 가지 않는다' 등의 뜻이다. 그러나 혹은 한 개와 하나 이상인 둘 혹은 두 개 이상을 표현할 때를 잘 관찰해보라. 어떤 사물이나 사람, 동물 즉 명사를 헤아릴 때 하나이면 a로 수를 표시하고 둘 이상일 때는 명사 앞에 수를 나타내고 명사에 s를 붙이면 된다. 이때에 be동사에 해당하는 is와 are가 어떻게 변화하는지 잘 살펴보자.

❶ 긍정문

This **is** a tree. 이것은 나무입니다.
These **are** two tree. 이것은 한 그루의 나무입니다.
That **is** a tree. 저것은 나무입니다.
Those **are** two tree. 저것들은 두 그루의 나무입니다.

❷ 부정문

be 동사가 쓰인 문장의 부정문 be동사 다음에 not을 쓰면 된다.

This is **not** a tree. 이것은 나무가 아닙니다.
These are **not** two tree. 이것들은 두 그루의 나무가 아닙니다.
That is **not** a tree. 저것은 한 그루의 나무가 아닙니다.
Those are **not** two tree. 저것들은 두 그루의 나무가 아닙니다.

these [ðouz] this의 복수, 이것들
those [ðouz] that의 복수, 저것들

Unit 2 동사의 기본형

동사의 기본형에는 원형과 과거형, 과거분사의 3개 형태가 있다. 원형은 동사의 본래 형으로 주어가 3인칭 다수 외에는 그대로 현재형으로 사용되며 과거형의 규칙동사는 원형의 어미에 -ed 또는 -d를 붙이지만 불규칙동사도 있다. 규칙동사의 과거분사는 과거형과 같으나 불규칙동사의 과거분사는 여러 형태가 있다.

1 규칙동사의 활용

규칙동사의 활용은 원형의 어미에 -ed를 붙여 과거형, 과거분사를 만든다. 그러나 철자와 악센트의 위치에 따라 변화가 올 수 있다.

❶ 원형의 어미에 -ed를 붙이는 경우

	원형	과거형	과거분사
열다	open	opened	opened
마치다	end	ended	ended
묻다	ask	asked	asked

❷ -e로 끝나는 동사의 경우 -d만을 붙인다

	원형	과거형	과거분사
희망하다	hope	hoped	hoped
동의하다	agree	agreed	agreed
사용하다	use	used	used

218

❸ 자음 + y로 끝나는 경우에는 y를 i로 고치고 -ed를 붙인다

	원형	과거형 · 과거분사
시도하다	try	tried
부인하다	deny	denied
	단, 모음 + y로 끝나는 경우는 그대로 -ed를 붙인다.	
	play	played
	stay	stayed

❹ 어미가 모음 + 자음으로 된 1음절의 동사는 그 자음을 한 번 더 겹치고 -ed를 붙인다

시도하다	stop	stopped
구걸하다	beg	begged
채찍질하다	whip	whipped

2 불규칙 동사의 활용

❶ 원형, 과거형, 과거분사형이 모두 같은 것

	원형	과거형	과거분사
비용이 들다	cost	cost	cost
놓다	put	put	put
닫다	shut	shut	shut
펴다	spread	spread	spread
치다	hit	hit	hit
자르다	cut	cut	cut

② **규칙동사처럼 과거형과 과거분사가 동형인 것**

	원형	과거형	과거분사
가지고 오다	bring	brought	brought
발견하다	find	found	found
듣다	hear	heard	heard
생각하다	think	thought	thought

③ **원형, 과거형, 과거분사형이 모두 다른 것**

불다	blow	blew	blown
일어나다	rice	rose	risen
눕히다	lie	lay	lain
떨어지다	fall	fell	fallen

Unit 3 조동사

조동사는 동사의 현재형만으로는 완전한 뜻을 나타내는데 부족하므로 본동사를 도와주는 역할을 하는 품사로 동사 앞에 위치하여 더 구체적인 뜻을 가지게 도와준다. 즉 조동사 뒤에는 동사의 현재형이 나오는 것을 원칙으로 한다.

1 조동사의 움직임(About Auxiliary Verbs)

조동사의 가장 중요한 역할은 의문문과 부정문을 만드는 일인데 그래서 특별한 경우(be동사나 'have+과거분사' 문장)가 아니면 조동사 없이는 의문문이나 부정문을 만들 수 없다. 그리고 추측이나 가능, 미래, 의무 등의 의미를 나타낼 때도 조동사를 사용한다. 하지만 일반동사와는 달리 주어로 쓰인 낱말의 인칭이나 수에 따라 변화하지 않는다. 또한 조동사 자체로서는 과거형을 지니는 것과 지니지 않는 것이 있다는 것을 알아두어야 한다.

② 조동사의 종류

① do(does), did
② can, could
③ may, might
④ will(shall), would
⑤ should, ought to
⑥ must
⑦ have to, had to

조동사 Do(Does), Did는 동사 현재형이 있는 문장을 의문문으로 만드는 역할만 한다. "Do I go to school?" 혹은 "Don't I go to school?"과 같이 사용된다.

※ should는 "…했어야 했는데"라는 뜻이지 will의 뜻은 거의 없다.

I should go. 나는 갔어야 했는데.
You should eat. 너는 먹었어야 했는데.

Should는 Ought to와 비슷한 뜻이다.
Must는 Ought to와 같은 뜻이다.

do가 조동사일 경우에는 의문이나 부정을 나타내는데 사용되지만 아래 문장과 같이 뒤에 오는 동사 'wish'의 의미를 강조하는데 사용되는 수도 있다. '정말로, 꼭' 등의 의미를 나타낸다.

I do wish you were my sister. 정말로 당신이 내 여동생이었으면 좋겠는데요.
Do come, please! 꼭 와 주십시오.

do는 앞에 나온 동사를 대신할 때가 있는데 이는 동사를 반복적으로 사용하는 것을 피하기 위해서이다. 이 do를 대동사라고 부른다.

You must pronounce as I do.
당신은 내가 발음하듯이 발음하지 않으면 안 됩니다.(do=pronounce)

She speaks English better than I do.
그녀는 나보다 더 영어를 유창하게 말합니다. (do=speak English)

jacket [dʒǽkit] 쟈켓트 명 웃옷, 양복저고리

Can I try on this jacket?

캔 아이 트라이 온 디스 쟈겟트

이 재킷을 입어 봐도 돼요?

word try 해보다

jam [dʒæm] 잼 동 채워 넣다, 쑤셔 넣다

The street was jammed with people.

더 스트릿트 워즈 잼드 위드 피플

거리는 사람들로 꽉 차 있었습니다.

word street 거리 / people 사람들

jar [dʒɑːr] 쟈아 명 항아리, 단지, 병

Can you tell me what's in this jar?

캔 유 텔 미 왓츠 인 디스 쟈아

이 단지 안에 뭐가 들었는지 알아맞힐 수 있겠어요?

word tell 말하다

jean [dʒiːn] 진 명 진으로 만든 의복류, 바지

Lots of people wear jeans nowadays.

랏츠 어브 피플 웨어 진스 나우어데이즈

많은 사람들이 요즘 청바지를 입는다.

word nowaday 요즈음

jet [dʒet] 제트 명 제트

The jumbo jet was blasted out of the sky.

더 점보 젯트 워즈 브레스트 아웃 어브 더 스카이

그 점보제트기는 하늘에서 폭파되었습니다.

word jumbo 엄청나게 큰
blast 폭파하다

jewelry [dʒúːəlri] 쥬얼리 　명 보석류

I had bought my wife expensive jewelry.
아이 해드 밧트 마이 와이프 익스펜시브 쥬얼리

나는 아내에게 값비싼 보석을 사줬습니다.

word bought　buy(사다)의 과거 · 과거분사
expensive　값비싼

job [dʒɑb] 잡 　명 일, 직업

He did the job perfectly.
히 디드 더 잡 퍼펙틀리

그는 그 일을 완벽하게 해냈습니다.

word perfect　완전한

join [dʒɔin] 조인 　동 결합하다

Can't you join me today?
캔트 유 조인 미 투데이

당신은 오늘 나와 어울릴 수 없나요?

word today　오늘

joy [dʒɔi] 조이 명 기쁨

I was in joy at the news.
아이 워즈 인 조이 앳 더 뉴스
나는 그 소식을 듣고 기뻤습니다.

word news 소식

juice [dʒuːs] 주스 명 주스

**Orange juice contains
a lot of vitamin C.**
오렌쥐 주스 컨테인스 어 랏 어브 바이러민 씨
오렌지주스에는 비타민 C가 많이 들어 있습니다.

word contain 담고 있다 / lot 많음
vitamin 비타민

jump [dʒʌmp] 점프 동 뛰다, 뛰어오르다

**The only way to move
was to jump.**
디 옴니 웨이 투 무브 워즈 투 점프
움직일 수 있는 유일한 방법은 뛰는 것이었어요.

word only 오직 / way 길
move 움직이다

jumper [dʒʌmpər] 점퍼 **명** 점퍼

I hope you will like this **jumper**.

아이 홉 유 월 라잌 디스 점퍼

이 점퍼가 네 맘에 들었으면 좋겠다.

word hope 희망, 기대
　　　 like 좋아하다

jungle [dʒʌŋgl] 정글 **명** 밀림, 정글

I once encountered a lion in the **jungle**.

아이 원스 언카운터드 어 라이언 인 더 정글

나는 전에 밀림에서 사자를 만났습니다.

word once 이전에
　　　 encounter 만남 / jungle 정글

just [dʒʌst] 저스트 **부** 바로, 금방, 조금 전에

The sun was **just** peeking over the mountain.

더 썬 워즈 저스트 픽킹 오버 더 마운틴

해가 막 산 위로 떠오르고 있었습니다.

word sun 태양 / peek 엿보다
　　　 mountain 산

jump
점프

jaguar
제규어

jeans
청바지

jungle
정글

journey
여행

juice
주스

exercise Ｊ 위의 단어를 보고 괄호 안에 들어갈 알맞은 단어를 줄로 이으세요.

❶ jungle •

❷ juice •

❸ journey •

❹ jaguars •

❺ jump •

❻ jeans •

• How long a (　) is it?
얼마나 긴 여행입니까?

• The only way to move was to (　).
움직일 수 있는 유일한 방법은 뛰는 것이었어요.

• I once encountered a lion in the (　).
나는 전에 밀림에서 사자를 만났습니다.

• I put my (　) in the basket.
바구니에 청바지 넣어 놓았어요.

• Orange (　) contains a lot of vitamin C.
오렌지주스에는 비타민 C가 많이 들어 있습니다.

• (　) love to climb trees.
재규어는 나무에 올라가는 것을 좋아합니다.

keep [ki:p] 킵 　동 계속하다, 유지하다

I am going to **keep** this ring with me forever.

아이앰 고잉 투 킵 디스 링 위드 미 풔에버

나는 이 반지를 영원히 간직할 것입니다.

word keep 간직하다 / ring 반지
　　　　forever 영원히

kettle [kétl] 케를 　명 주전자

She is pouring tea from the **kettle**.

쉬 이즈 푸어딩 티 프럼 더 케를

그녀가 주전자에 있는 차를 따르고 있습니다.

word pour 따르다
　　　　from ~로부터

229

key [ki:] 키 **명** 열쇠

Don't forget to take your keys.

돈트 포켓 투 테잌 유어 키스

열쇠를 가지고 가는 것을 잊지 말아요.

word forget 잊다
take 쥐다

kick [kik] 킥 **동** 발로 차다

Can you kick me?

캔 유 킥 미

당신은 나를 걷어 찰 수 있나요?

kid [kid] 키드 **명** 어린아이

The game drove the kid mad.

더 게임 드로브 더 키드 매드

그 게임이 그 아이를 화나게 했어요.

word game 게임 / mad 성나게 하다

230

kill [kil] 킬 图 죽이다

Are you trying to kill me?
아 유 트라잉 투 킬 미

누굴 죽일 작정이세요?

word trying 견디기 어려운

kind [kaind] 카인드 图 친절한

He is as kind as his brother.
히 이즈 애즈 카인드 애즈 히즈 브라더

그는 그의 형과 같이 친절합니다.

word brother 형

king [kiŋ] 킹 图 왕, 임금

He arrived at the palace where the king lived.
히 얼라이브드 앳 더 팰레스 웨어 더 킹 리브드

그는 왕이 살고 있는 궁전에 도착했습니다.

word arrive 도착하다
palace 궁전 / live 살다

내가 왕이야

231

kitchen [kítʃən] 키친 명 부엌, 주방

What size is the kitchen?
왓 사이즈 이즈 더 키친

부엌은 크기가 얼마나 되나요?

word size 크기

kite [kait] 카이트 명 연

The kite was in the upper air.
더 카이트 워즈 인 디 어퍼 에어

연은 하늘 높이 있었어요.

word upper 위쪽의

air 공기, 하늘

knee [niː] 니 명 무릎

Do you suffer from knee pain?
두 유 사퍼 프럼 니 페인

무릎 통증으로 고생하십니까?

word suffer 고생하다

pain 아픔, 통증

232

knife [naif] 나이프 명 칼, (식탁의)나이프

May I cut the orange with a knife?

메아이 컷 디 오렌쥐 위더 나이프

오렌지를 나이프로 잘라도 상관없나요?

word cut 자르다
orange 오렌지

knock [nɑk] 넉크 동 (문을)두드리다, 노크하다

Can you knock that again?

캔 유 넉크 댓 어게인

다시 한 번 노크해 주실래요?

word again 다시

know [nou] 노우 동 알다

It was a privilege to know him.

잇 워즈 어 프리빌리지 투 노우 힘

그 분을 알게 된 것은 영광이었습니다.

word privilege 특전, 영광
him 그를

233

시간에 관한 영단어

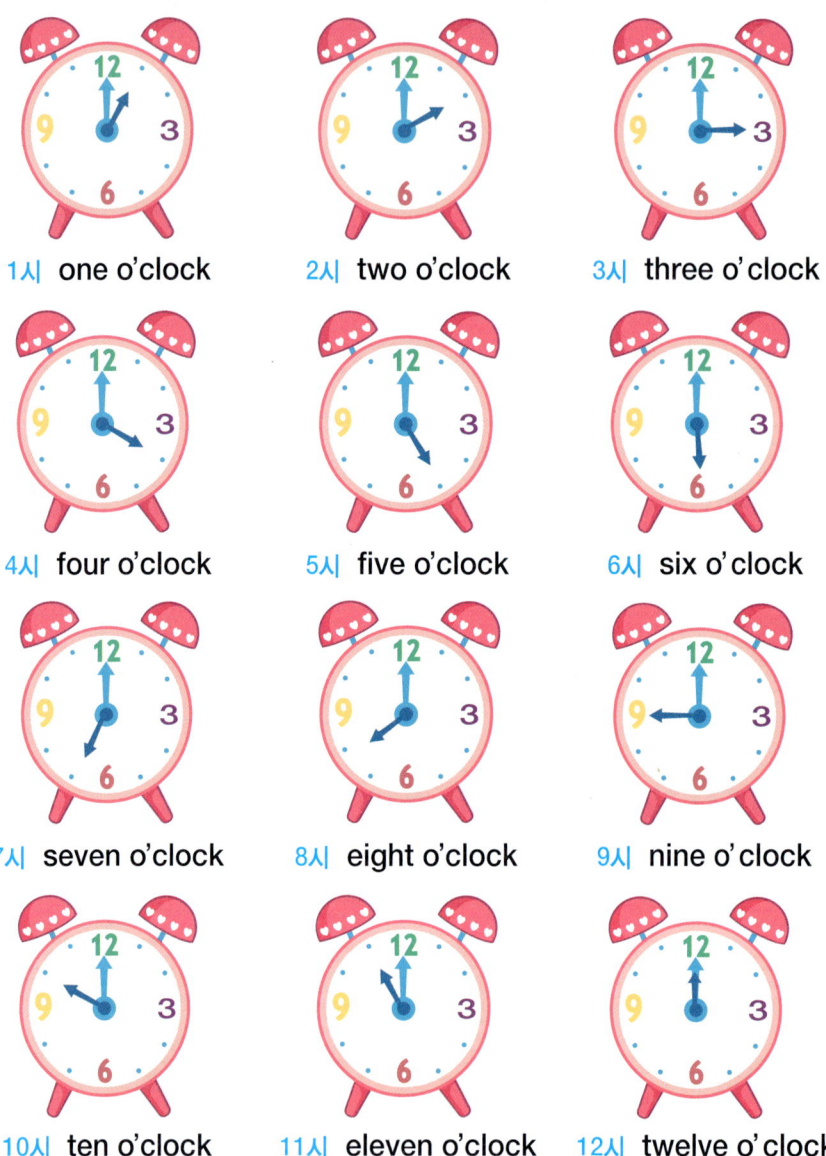

1시 one o'clock

2시 two o'clock

3시 three o'clock

4시 four o'clock

5시 five o'clock

6시 six o'clock

7시 seven o'clock

8시 eight o'clock

9시 nine o'clock

10시 ten o'clock

11시 eleven o'clock

12시 twelve o'clock

234

label [léibəl] 레이벌 명 라벨, 상표, 표지

I attached a label to a parcel.

아이 어트랙티드 어 레이벌 투 어 파셀

나는 소포에 라벨을 붙였습니다.

word attached 첨부한
parcel 소포

ladder [lædər] 레러 명 사다리

He's working on the ladder.

히즈 워킹 온 더 레러

그는 사다리 위에서 일하고 있습니다.

word working 일하다

lady [léidi] 레이디 **명** 숙녀

Who do you think that lady is?
후 두 유 씽크 댓 레이디 이즈

저 숙녀가 누구라고 생각합니까?

word who 누구
think 생각하다

lake [leik] 레이크 **명** 호수

The lake is deepest at this point.
더 레이크 이즈 딥피스트 앳 디스 포인트

이 호수는 이 지점이 가장 깊습니다.

word deep 깊은
point 지점

lamp [læmp] 램프 **명** 등, 램프

The glare from the lamp hurt my eyes.
더 글래어 프럼 더 램프 헐트 마이 아이즈

램프의 번쩍이는 빛이 나의 눈을 아프게 했어요.

word glare 번쩍이는 빛
hurt 아프다 / eye 눈

land [lænd] 랜드 **명** 육지, 땅

His **land** goes to the mountain.
히즈 랜드 고즈 투 더 마운틴
그의 땅은 산맥까지 뻗어 있습니다.

word mountain 산, 산악

language [lǽŋgwidʒ] 랭기쥐 **명** 언어, 국어

It is fun to learn a **language**.
잇 이즈 펀 투 런어 랭기쥐
말을 배우는 것은 재미있습니다.

word fun 재미
learn ~을 배우는

large [lɑːrdʒ] 라쥐 **형** 큰, 커다란

A **large** tree was growing near the fence.
어 라쥐 트리 워즈 그로잉 니어 더 팬스
울타리 근처에서 큰 나무가 자라고 있었습니다.

word tree 나무 / growing 자라는
near 인접하여 / fence 울타리

last [læst] 라스트 ﹇형﹈ 마지막의, 최후의

Who came in last?
후 케임 인 라스트
누가 마지막으로 들어왔습니까?

word came come(오다)의 과거

late [leit] 레이트 ﹇형﹈ 늦은

Our office keeps late hours.
아워 오피스 킵스 레이트 아워스
우리 사무실에선 늦게까지 일합니다.

word office 사무실 / keep 계속하다
hour 한 시간, 시각

laugh [læf] 래프 ﹇동﹈ 웃다

He was angry, but he had to laugh loudly.
히 워즈 앵그리 벗 히 해드 투 래프 라우들리
화가 났지만 크게 웃어야만 했어요.

word angry 화를 낸
loudly 큰 소리로

lead [liːd] 리이드 동 이끌다, 인도하다

You **lead** very well.
유 리이드 베리 웰
아주 훌륭하게 리드합니다.

word very 아주
well 훌륭하게

leader [líːdər] 리더 명 지도자

I will be a **leader**.
아이 윌 비 어 리더
나는 지도자가 되어 있을 것입니다.

word will ~일 것이다

L

leaf [liːf] 리이프 명 나뭇잎, 잎사귀

Trees in summer are in **leaf**.
트리스 인 썸머 알 인 리이프
여름의 나무들은 잎이 무성합니다.

word tree 나무
summer 여름

learn [ləːrn] 런 [동] 배우다, 익히다

I want to learn English conversation.

아이 원투 런 잉글리쉬 컨버세이션

영어회화를 배우고 싶어요.

word conversation 회화

leave [liːv] 리이브 [동] 떠나다, 작별하다

He will leave after lunch.

히 윌 리이브 애프터 런치

그는 점심 식사 후 떠날 예정이에요.

word after 후
lunch 점심

left [left] 래프트 [명] 왼쪽 [형] 왼쪽의

Turn left at the next corner.

턴 래프트 앳 더 넥스트 코너

다음 모퉁이에서 좌회전하십시오.

word turn 돌리다, 회전시키다
next 다음의 / corner 모퉁이

240

leg [leg] 레그 **명** 다리

He has an itch on his leg from a flea bite.

히 해즈 언 이치 온 히즈 레그 프럼 어 프리 바이트

벼룩에 물려서 그는 다리가 가려워요.

word itch 가려움 / flea 벼룩
bite 물다

lend [lend] 랜드 **동** 빌려주다

Will you lend me your scissors?

윌 유 랜드 미 유어 시져스

가위 좀 빌려 줄래요?

word scissors 가위

lesson [lésn] 레슨 **명** (교과서)과, 수업, 레슨

The lesson was not very interesting.

더 레슨 워즈 낫 베리 인터레스팅

수업이 아주 재미없었습니다.

word interesting 재미있는

L

let [let] 렛 **동** 하게하다, 시키다

Let me know what you expect.

렛 미 노우 왓 유 익스펙트

기대하시는 것을 말씀해 주세요.

word know 알다
expect 기대하다

letter [létər] 레러 **명** 편지

I received a **letter** from him.

아이 리시브드 어 레러 프럼 힘

그에게서 편지를 받았습니다.

word received 받아들여진
from ~에서

library [láibrèri] 라이브러리 **명** 도서관

I'm on my way to the **library**.

아임 온 마이 웨이 투 더 라이브러리

도서관에 가는 중입니다.

lie [lai] 라이 **명** 거짓말

Why do you always lie?
와이 두 유 올웨이즈 라이

당신은 왜 항상 거짓말을 하죠?

word always 항상

life [laif] 라이프 **명** 생명, 생활

He is contented with his present life.
히 이즈 컨텐티드 위드 히즈 프레즌트 라이프

그는 현재 생활에 만족하고 있습니다.

word contented 만족하고 있는
present 현재의

lift [lift] 리프트 **동** 들어 올리다

Don't lift heavy things.
돈트 리프트 헤비 씽스

무거운 물건을 들지 마세요.

word heavy 무거운
thing 것, 물건

L

light [lait] 라이트 명 빛 동 불을 붙이다

Edison invented the **light** bulb at the first setout.
에디슨 인밴티드 더 라이트 벌 앳 더 퍼스트 셋아웃
에디슨은 최초로 전구를 발명했습니다.

word invent 발명하다 / bulb 전구
first 최초로 / setout 개시

lighthouse [láithàus] 라이트하우스 명 등대

The **lighthouse** is on a hill.
더 라이트하우스 이즈 온 어 힐
등대가 언덕에 있습니다.

word hill 언덕

like [laik] 라이크 동 좋아하다, 하고 싶다

I do **like** Korea very much.
아이 두 라이크 코리아 베리 머취
나는 한국이 무척 좋습니다.

word like 좋아하다
much 많은

line [lain] 라인 ❰명❱ 선

Which line should I take?
위치 라인 슈두 아이 테이크

어느 선을 타야 하죠?

❰word❱ should ~할까요
take 손에 잡다

lion [láiən] 라이온 ❰명❱ 사자

The lion is a beast of prey.
더 라이온 이즈 어 비스트 어브 프레이

사자는 육식 동물입니다.

❰word❱ beast 짐승
prey 먹이

lip [lip] 립 ❰명❱ 입술

Your lips look full.
유어 립스 룩 풀

당신의 입술은 도톰해 보여요.

❰word❱ look 보다
full 가득한

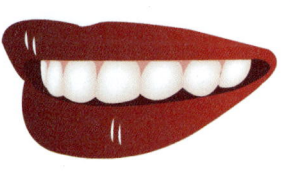

L

245

list [list] 리스트 명 표, 목록

Shoes are at the top of the **list**.

슈즈 알 앳 더 탑 어브 더 리스트

신발이 목록 맨 위에 있습니다.

word shoes 신
top 맨 위

listen [lísn] 리슨 동 듣다, 귀를 기울이다

What kind of music do you **listen** to?

왓 카인드 어브 뮤직 두 유 리슨 투

어떤 종류의 음악을 듣습니까?

word kind 종류
music 음악

little [lítl] 리를 형 작은 부 약간, 조금

Here's a **little** present for you.

히어즈 어 리를 프리젠트 풔 유

이것은 작은 선물입니다.

word present 선물

live [liv] 리브 동살다 형살아 있는

What city do you live in?
왓 씨리 두 유 리브 인

어느 도시에 살고 있습니까?

word city 도시

lock [lɑk] 락 명자물쇠 동잠그다

Can you lock the door?
캔 유 락 더 도어

당신은 문을 잠글 수 있나요?

word door 문

long [lɔːŋ] 롱 형긴, 먼

Have you been waiting for a long time.
해브 유 빈 웨이링 풔 어 롱 타임

오래 기다리셨습니까?

word waiting 기다리기
time 시간

look [luk] 룩 명 보기 동 보다

Koalas look like bears, don't they?
코알라 룩 라잌 베어스 돈트 데이
코알라는 곰처럼 보여, 그렇지 않니?

word bear 곰

lose [luːz] 루즈 동 잃다, 잃어버리다

I'd like to lose weight.
아이드 라잌 투 루즈 웨이트
몸무게를 줄이고 싶어요.

word weight 무게

lot [lɑt] 랏 명 많음 부 아주, 매우

I have a lot of friends.
아이 해브 어 랏 어브 프랜즈
나는 친구가 아주 많습니다.

word friend 친구

loud [laud] 라우드 [형] 소리가 큰, 시끄러운

She called me in a loud voice.

쉬 콜드 미 인 어 라우드 보이스

그녀는 큰 목소리로 나를 불렀습니다.

word call 부르다
voice 목소리

love [lʌv] 러브 [명] 사랑 [동] 사랑하다

I love you to high heaven.

아이 러브 유 투 하이 해븐

하늘 끝까지 당신을 사랑해요.

word high 높은
heaven 하늘

low [lou] 로우 [형] 낮은

The dish is low in fact.

더 디쉬 이즈 로우 인 팩트

그 요리는 사실 질이 낮습니다.

word dish 접시, 요리
fact 사실

L

luck [lʌk] 럭 **명** 운, 행운

Luck is coming my way.

럭 이즈 컴잉 마이 웨이

행운이 오고 있습니다.

word coming 오는

lunch [lʌntʃ] 런치 **명** 점심

What do you usually have for **lunch**?

왓 두유 유주얼리 해브 풔 런치

점심은 보통 무엇을 먹습니까?

word usually 보통

lion
사자

lamb
양

ladder
사다리

ladybird
무당벌레

lollipop
막대사탕

letter
편지

exercise **L** 위의 단어를 보고 괄호 안에 들어갈 알맞은 단어를 줄로 이으세요.

❶ lollipops • • The (   ) is a beast of prey.
사자는 육식 동물입니다.

❷ ladybird • • I received a (   ) from him.
그에게서 편지를 받았습니다.

❸ lion • • He's working on the (   ).
그는 사다리 위에서 일하고 있습니다.

❹ lamb • • He is looking at a (   ) on the leaf.
그는 나뭇잎 위의 무당벌레를 보고 있어요.

❺ letter • • She is as innocent as a (   ).
그녀는 양처럼 순하지요.

❻ ladder • • (   ) can be prepared 3 days ahead.
막대사탕은 3일 동안 준비해야 합니다.

251

## 04

시제

현재 시제 / 과거 시제 / 미래 시제 / 완료형, 진행형

시제(時制)란 서술하고자 하는 사건이 현재, 과거, 미래 중 어디에 속하는지를 나타내는 방법으로서 현재의 사실이나 습관, 불변의 진리 등을 나타낼 때 사용한다. 영어에는 무려 12가지 시제가 있는데 현재, 과거, 미래가 기본이다. 이 세 가지 시제를 가리켜 기본 시제라고한다. 현재와 과거시제는 동사의 어미(語尾)변화에 의하고 미래시제는 여러 다양한방법에 의하여 표현한다.

Unit 1 현재시제

영어를 사용하거나 공부할 때에 가장 난해하고 복잡한 것 가운데 하나가 바로 시제(時制)이다. 이유는 바로 시제를 시간과 같거나 비슷하다고 생각하기 때문이다. 하지만 이 둘은 엄연히 다르다. 시간은 우리 생활과 밀접한 관계를 가지고 있지만 시제는 언어와 직접적으로 연결되어 있으며 이런 차이를 나타내기 위해서 실제의 시간을 'time'이라 부르고 언어에 시간을 표현하는 시제를 'tense'라고 불러서 서로 구분한다.

1 단순현재시제의 용법

● 현재 상태 - 감정, 의견 등 - 를 나타낼 때 현재시제를 쓴다.

I'm thinking about jogging.   조깅을 할까 생각중입니다.
He wants a new computer.   그는 새 컴퓨터를 갖고 싶어합니다.

252

● 항상 일어나는 일이나 습관을 나타낼 때에는 현재시제를 쓴다. 주어가 3인칭 현재단수인 경우 동사원형에 -s가 붙는다. 그러나 puch, watch와 같이 [ʃ], [tʃ]로 발음이 끝날 때에는 -es를 붙인다.

Tom usually drives to work.
탐은 대개 직장에 갈 때 운전을 합니다.

Tom watches TV most evenings.
탐은 거의 매일 저녁 텔레비전을 봅니다.

● 부정할 수 없는 사실일 때에는 현재시제를 쓴다. 동사가 자음 + y로 끝날 때에는 y를 I로 바꾸고 -es를 붙인다.

This shirt dries fast.   이 셔츠는 빨리 마릅니다.
You've always made up lies.   당신은 항상 거짓말을 꾸며댔습니다.

● 미래 의미를 나타내는 if절에도 현재형을 쓴다.

If it rains tomorrow, I am going to wear my raincoat.
내일 비가 온다면 나는 비옷을 입을 것이다.

2 현재진행시제의 용법(be 동사현재(is/am/are) + 현재분사)

● 현재에 진행 중인 행동에 대해서 현재진행시제를 쓴다.

I'm just ironing this trousers.   바지를 그냥 다리미질하고 있을 뿐이에요.

● always 현재진행시제와 쓰이면 'very often(매우 자주)'의 의미이다. lose와 같이 -e로 끝날 때에는 e를 빼고 -ing를 붙인다.

I'm always losing things.   난 항상 물건을 잃어버립니다.

● 현재시제와 마찬가지로 이미 예정된 계획에는 현재진행시제를 쓴다.

He is coming down in the world. 　그는 점점 나빠지고 있습니다.

Unit 2 과거시제

1 　시간상의 과거와 인식상의 과거

과거에 일어난 특정한 사건이나 과거에 이루어진 행동을 묘사할 때나 언급할 때 과거시제를 이용한다. 과거시제에는 시간상의 과거와 인식상의 과거가 있는데 과거 시점을 나타내는 부사나 부사구 등과 함께 쓰인다. 과거시제는 대개 -ed로 끝난다.

Obviously they had enjoyed the concert.
그들은 콘서트를 즐겼음에 틀림없습니다.

❶ 시간상의 과거
일반적으로 현재는 진행이 끝이 난 과거의 일들을 나타낸다.

he died three years ago. 　그는 3년 전에 죽었습니다.

※ 과거를 나타내는 시간부사와 함께 쓸 때는 무조건 과거시제를 쓴다.

They went out for a walk yesterday. 　어제 그들은 산책하러 나갔습니다.

❷ 인식상의 과거
과거시제는 반드시 과거의 사건만을 나타내는 것은 아니다. 인식상 거리가 있음을 의미하기도 한다.

Would you pick up the phone? 전화 좀 받아 주시겠어요?

2 단순과거와 과거진행

단순과거 (과거의 상황과 규칙적인 습관)	The shop opened last week. 그 가게는 지난주에 오픈했습니다. We walked along the street. 우리는 길을 따라 걸었어요.
과거진행 (진행 중이거나 지속되는 행동)	All the people were watching game. 모든 사람들이 게임을 보고 있었습니다. It snowed a lot yesterday so I was at home all day. 어제는 눈이 많이 와 온종일 집에 있었습니다.

Unit 3 완료시제

완료 시제는 어느 시점에서 어느 시점까지의 일정 기간에 일어난 일을 나타내는데 회화할 때 가장 어려운 부분 가운데 하나이므로 뜻을 음미하면서 잘 파악하고 배워야 한다.

완료는 과거에 일어난 동작이나 상태와 연관되어 있지만 항상 시점이 현재라는 점을 잊어서는 안 된다. have + 과거분사 형태를 완료시제라고 하는데 완료시제에는 현재완료와 과거완료가 있는데 주어가 3인칭 단수면 현재완료는 has + 과거분사가 된다.

종류	형태	의미
현재완료	have[has]+과거분사	과거에서부터 현재까지
과거완료	had+과거분사	과거 이전부터 과거까지

❶ 현재완료의 용법 have[has] + 과거분사

● 과거의 한 시점에서 현재의 시점까지 일어난 행동이나 상황을 나타내거나 사건을 표현할 때 현재완료가 쓰인다.

The visitors have arrived.
손님들이 도착했습니다.

The post hasn't come yet.
우편물이 아직 도착하지 않았습니다.

Tom has been to America once.
탐은 한 번 미국에 갔었습니다.

I've ridden lost of times.
나는 여러 번 말을 타봤어요.

It's just your imagination.
그것은 당신의 생각일 뿐입니다.

We've been going out since last year.
우리는 작년부터 사귀어 왔습니다.

❷ 동작의 결과를 나타내는 현재완료

He has gone home.   그는 집에 가버리고 없습니다.

'그는 집에 가서 지금은 여기에 없다(he went home, so he is not here now)' 라는 상황을 나타내는 현재완료로 동작의 완료보단 가버린 결과를 나타내고 있다.

He has caught a bad cold.   그는 심한 감기에 걸려있습니다.

'심한 감기에 걸려 그 감기가 낫지 않고 걸려 있다(He caught a bad cold, and still has it)' 라는 상황을 나타내는 현재완료이다.

---

2 **과거완료의 용법 had + 과거분사**

● 과거의 어떤 시점의 일이 그보다 더 이전(대과거)에 시작된 일의 결과일 때 쓴다. 즉 과거완료는 과거의 이야기라는 점으로 '~한 적 있었다, ~해 왔었다' 와 같이 해석한다.

The bank had just closed when I arrived there.
내가 막 그곳에 도착했을 때 그 은행은 방금 문을 닫았다.

They had seen the movie already.
그들은 그 영화를 이미 보았다.

Unit 4 미래시제

미래시제란 가까운 미래거나 먼 미래거나 앞으로 일어날 일들을 예상하거나 추측하는 시제를 말한다. 조동사 will 또는 shall을 사용하고 'will(or shall) + 동사원형의 형'으로 나타낸다.

미래시제의 종류

will	생각을 통한 예상, 추측 순간 결정	I'll call back. 다시 전화할 것입니다. I will help you as long as I have time 내가 시간이 있는 한 당신을 도와줄 것입니다.
shall		Shall I go and post this letter? 내가 가서 이 편지를 부칠까요?
be going to	상황으로 미루어 추측 이미 결정	I'm never going to finish my homework. 숙제가 끝날 것 같지 않아요. We're going to do some remodeling. 우리는 리모델링을 할 겁니다.

---

❶ will

● 생각을 통해 미래에 어떤 일이 일어날지를 예상할 때 will로 나타낸다.

It will be very hot this summer.
올 여름은 무척 더울 것입니다.

● 말하는 도중에 하게 되는 순간적인 결정을 will로 나타낸다.

It's noisy. I'll shut the door.   시끄러워. 문을 닫아야겠어요.

● will은 의지나 의향을 표현하고 won't = will not는 거부의 의지를 표현한다. won't의 주어에 사람뿐만 아니라 사물도 올 수 있다.

I'll sit on the floor. I don't mind.   내가 바닥에 앉을게요. 난 괜찮아요.
The car won't start.   차가 시동이 걸리지 않아요.

258

❷ Shall

● 주어가 1인칭(I, We)일 때 will 대신 shall로 바꿀 수 있다.

I shall be at home tomorrow. 내일 나는 집에 있을 거예요.

● 결정을 하지 못해 충고나 제안을 구할 때 shall I[we] ~(~할까요?)라고 한다.

Shall I go and post this letter? 내가 가서 이 편지를 부칠까요?

❸ be going to

● will이 생각을 통해서 미래를 예측하는데 쓰이는 반면 be going to는 현재 상황에 비추어 예측할 때 쓰인다.

There isn't a cloud in the sky.
It's going to be a lovery day.
하늘에 구름이 하나도 없어요. 화창한 날이 될 것 같아요.

● will은 순간적인 결정에 쓰이지만 be going to는 이미 결정한 것에 대한 의향이나 의지를 나타낸다.

I'm going to the beach now. 바닷가에 다녀오겠습니다.

mad [mæd] 매드 〔형〕미친, 열광적인

Don't be **mad** at me.
돈트 비 매드 앳 미
내게 화내지 말아요.

magazine [mǽɡəzíːn] 매거진 〔명〕잡지

May I borrow this
magazine?
메아이 발로우 디스 매거진
이 잡지를 빌려갈 수 있나요?

word **borrow** 빌리다

260

magician [mədʒíʃən] 머지션 **명** 마술사, 마법사

The **magician** is
performing a trick.
더 머지션 이즈 퍼포밍 어 트릭
마술사가 묘기를 부리고 있습니다.

word performing 재주를 부릴 줄 아는
trick 묘기

mail [meil] 메일 **명** 우편, 우편물

No, I sent an e-**mail** earlier.
노 아이 센트 언 이메일 어얼리어
아뇨, 이메일을 일찍 보냈어요.

word sent send (보내다)의 과거 · 과거분사
earlier 일찍

M

make [meik] 메이크 **동** 만들다

Can you **make** your son a
scholar?
캔 유 메이크 유어 선 어 스칼라
당신은 아들을 학자로 만들 수 있습니까?

word son 아들
scholar 학자

261

man [mæn] 맨 명 남자, 사람, 인간

He is a **man** of great wisdom.

히 이즈 어 맨 어브 그레이트 위즈덤

그는 대단한 지혜를 가진 사람입니다.

word great 대단한
wisdom 지혜

many [méni] 매니 형 많은, 다수의

He has **many** friends behind him.

히 해즈 매니 프랜즈 비하인드 힘

그의 뒤에는 많은 친구들이 있어요.

word behind 뒤에

map [mæp] 맵 명 지도

Could I have this **map**?

쿠드 아이 해브 디스 맵

이 지도를 가져도 됩니까?

march [mɑːrtʃ] 마취 명 행진, 행군 동 행진하다, 행군하다

The troops sang on the march.

더 트룹스 생 온 더 마취

군대는 행진 중에 노래를 했습니다.

word troop 군대, 병력
sang sing(노래하다)의 과거

market [máːrkit] 마켓 명 시장

Where is the nearest supermarket from here?

웨어 이즈 더 니어이스트 수퍼마켓 프럼 히어

이곳에서 가장 가까운 마켓이 어디입니까?

word nearest 가까이
here 여기에서

M

marry [mǽri] 메리 동 결혼하다

I'm going to marry him.

아임 고잉 투 메리 힘

나는 그와 결혼할 것입니다.

word going 진행중인

matter [mǽtər] 매러 **명** 일, 사정 **동** 문제가 되다

What's the **matter** with you?

왓츠더 매러 위드유

당신에게 무엇이 문제인가요?

mask [mæsk] 마스크 **명** 가면, 탈, 마스크

The burglar had a **mask** on.

더 버글러 해드 어 매스크 온

강도는 마스크를 하고 있었습니다.

word burglar 강도

math [mæθ] 매쓰 **명** 수학

Are you able to do this **math** problem?

아 유 애비블 투 두 디스 매쓰 프러블럼

이 수학 문제를 풀 수 있어요?

word able 할 수 있는
problem 문제

may [mei] 메이 똥 해도 좋다

May I ask you a favor?
메아이 애스크 유 어 페이버

부탁을 드려도 되겠습니까?

word favor 부탁

maybe [méibi] 메이비 ⊞ 어쩌면, 아마

Maybe the phone is out of order.
메이비 더 폰 이즈 아웃 어브 오더

아마 전화기가 고장인지도 몰라요.

word phone 전화 / order 지시하다

M

me [mi] 미 때 나를, 나에게

He alone loves **me**.
히 얼롱 러브즈 미

그만이 나를 사랑합니다.

word alone 다만 홀로

meal [mi:l] 미얼 명 식사

This was a delicious meal.
디스 워즈 어 딜리셔스 미얼
맛있는 식사였습니다.

word delicious 맛있는

measure [méʒər] 메쥬어 동 재다

An inch is a measure of length.
언 인치 이즈 어 매쥬어 어브 랭
인치는 길이를 재는 단위입니다.

word inch 인치
length 길이

meat [mi:t] 밋트 명 고기

The price of meat is high.
더 프라이스 어브 밋 이즈 하이
고기값이 비쌉니다.

word price 가격
high 높은

medal [médl] 매럴 명 메달, 훈장

She is hoping to win the gold medal.
쉬 이즈 홉핑 투 윈 더 골드 매럴
그녀는 금메달 따기를 희망하고 있습니다.

word hoping 희망하다
win 이기다 / gold 금

medicine [médəsən] 메디슨 명 약

This medicine is lost on me.
디스 메디슨 이즈 로스트 온 미
이 약은 나에게 효과가 없습니다.

word lost 잃은, 낭비된

M

meet [mi:t] 밋 동 만나다

I can't wait to meet her.
아이 캔트 웨잇 투 밋 허
그녀를 만나는 게 너무 기다려져요.

word wait 기다리다

melon [mélən] 멜론 **명** 멜론

I don't think the **melon** is ripe yet.

아이 돈트 씽 더 멜론 이즈 라이프 앳

멜론이 아직 덜 익은 것 같아요.

word think 생각하다
ripe 익은 / yet 아직

member [mémbər] 멤버 **명** 일원, 회원

She is a **member** of a tennis club.

쉬 이즈 어 멤버 어브 어 테니스 클럽

그녀는 테니스 클럽 회원입니다.

word club 클럽

memo [mémou] 메모 **명** 메모

Have you read his **memo** yet?

해브 유 리드 히즈 메모 앳

그가 남긴 메모 봤어요?

word read 읽다

message [mésidʒ] 메세지 명소식, 통지, 메시지

Any **messages** for me?

애니 메세지스 풔 미

제게 온 메시지 없습니까?

meter [míːtər] 미러 명(길이, 거리의 측정 단위) 미터

Chop off 1 **meter** of rope.

찹 어프 원 미러 어브 롭

밧줄을 1미터 길이로 잘라 내세요.

word chop 자르다
rope 밧줄

middle [mídl] 미들 명중간, 중앙

Who's this in the **middle**?

후즈 디스 인 더 미들

가운데 있는 사람은 누구입니까?

M

mike [maik] 마이크 명 마이크

Testing, testing, **mike** testing.
테스팅·테스팅 마이크 테스팅
마이크 시험 중입니다.

word testing 시험

milk [milk] 밀크 명 우유

I'd like it with **milk** and sugar.
아이드 라잌 잇 위드 밀크 앤 슈거
우유와 설탕을 넣어주세요.

word sugar 설탕

million [míljən] 밀리언 명 백만 형 백만의

He earns one **million** won.
히 어언스 원 밀리언 원
그는 백만 원을 벌었습니다.

word earn 벌다

270

mind [maind] 마인드 명 생각, 마음 동 신경 쓰다

What did you have in mind?
왓 디드 유 해브 인 마인드
무슨 좋은 생각이 있나요?

minute [mínit] 미닛츠 명 분, 잠깐, 잠시

It will be ready in about
5 minutes.
잇 윌 비 레디 인 어바웃 파이브 미닛츠
5분만 있으면 준비가 다 됩니다.

word ready 준비가 된

mirror [mírər] 밀러 명 거울

May I look in a mirror?
메아이 룩 인어 밀러
거울을 볼 수 있습니까?

word look 보다

M

Miss [mis] 미스 명양

Miss Kim, would you come here?

미스 킴 우드 유 컴 히어

김양, 이리로 와 주세요.

word come 오다
here 여기로

model [mádl] 마럴 명모델

She is the most beautiful **model** of all.

쉬 이즈 더 모스트 뷰티플 마럴 어브 올

그녀는 모든 모델 중에서 가장 아름답습니다.

word most 대개의
beautiful 아름다운 / all 모든

mom [mɑm] 맘 명엄마

Help my **mom** out in the kitchen.

헬프 마이 맘 아웃 인 더 키친

부엌에서 엄마 좀 거들어 드려요.

word help 돕다
kitchen 부엌

money [mʌ́ni] 머니 명 돈

I want my money back.
아이 원트 마이 머니 백

내 돈을 돌려주십시오.

word want 원하다
back 뒤

monkey [mʌ́ŋki] 멍키 명 원숭이

The monkey is eating a banana.
더 멍키 이즈 이팅 어 버내나

원숭이가 바나나를 먹고 있습니다.

word eating 먹기
banana 바나나

M

month [mʌnθ] 먼스 명 달, 개월

A month had elapsed since our last meeting.
어 먼스 해드 일랩스드 신스 아워 라스트 미링

우리가 지난번 만난 이래 한 달이 지났습니다.

word elapse 경과하다 / since 그 이래
last 마지막 / meeting 만남

273

moon [muːn] 문 图달

The moon was hidden by the clouds.
더 문 워즈 히든 바이 더 클라우드스
달은 구름에 가려졌습니다.

word hidden 숨겨진
cloud 구름

morning [mɔ́ːrniŋ] 모닝 图아침, 오전

I was awake until the morning came.
아이 워즈 어웨이크 언틸 더 모닝 케임
나는 아침이 될 때까지 깨어 있었습니다.

word awake 깨우다 / until 까지

mother [mʌ́ðər] 마덜 图어머니

My mother was right about the rain.
마이 마덜 워즈 라이트 어바웃 더 레인
어머니 말씀대로 비가 왔어요.

mountain [máuntən] 마운틴 명산

The mountain is easy to access.
더 마운틴 이즈 이지 투 어세스

그 산은 오르기가 쉽습니다.

word easy 쉬운
access 접근

mouse [maus] 마우스 명생쥐

There is a mouse in the room.
데어 이즈 어 마우스 인 더 룸

방에 쥐가 있어요.

word room 방

M

mouth [mauθ] 마우스 명입

Open your mouth wide.
오픈 유어 마우스 와이드

입을 크게 벌리십시오.

word open 열린
wide 넓은, 큰

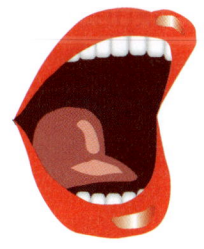

move [muːv] 무브 图 움직이다

How did you move the furniture?
하우 디드 유 무브 더 퍼니처

가구를 어떻게 옮겼습니까?

word furniture 가구

movie [múːvi] 무비 图 영화

Where's the movie showing?
웨어즈 더 무비 쇼잉

그 영화 지금 어디서 하는데요?

word showing 전시

Mr. [místər] 미스터 图 씨, 선생

I'm expecting a call from Mr. Brown.
아임 익스펙팅 어 콜 프럼 미스터 브라운

브라운 씨의 전화를 기다리고 있습니다.

word expect 기다리다
　　　call 전화

Mrs. [mísiz] 미스이즈 명 부인

This is the message for
Mrs. Johnson.

디스 이즈 더 메세지 풔 미스이즈 존슨

존슨 부인의 메시지입니다.

word message 메시지

much [mʌtʃ] 머취 형 많은 부 매우, 많이

How **much** more do we
have to wait?

하우 머취 모어 두 위 해브 투 웨이트

우리가 얼마나 더 많이 기다려야 하는 겁니까?

word more 더 많은
wait 기다리다

M

museum [mjuːzíːəm] 뮤지엄 명 박물관

Let's go to a **museum**!

렛츠 고 투 어 뮤지엄

박물관에 갑시다!

music [mjúːzik] 뮤직 명 음악

I am listening to music.
아이 앰 리스닝 투 뮤직
나는 음악을 듣고 있습니다.

word listening 들음

must [mʌst] 머스트 동 해야 한다, 틀림없다

You must consult the doctor.
유 머스트 컨설트 더 닥터
당신은 의사에게 진찰을 받아야 합니다.

word consult 진찰을 받다
doctor 의사

mystery [místəri] 미스터리 명 신비

Nobody has ever solved the mystery.
노바디 해즈 에버 솔브드 더 미스터리
아무도 그 신비를 풀지 못했습니다.

word nobody 아무도
ever 일찍이 / solve 풀다

278

cow
젖소

mole
두더지

mushroom
버섯

mirror
거울

mouse
쥐

monkey
원숭이

exercise (M) 위의 단어를 보고 괄호 안에 들어갈 알맞은 단어를 줄로 이으세요.

❶ mirror • • A cow makes ( ).
암소가 우유를 만듭니다.

❷ mushroom • • The ( ) is eating a banana.
원숭이가 바나나를 먹고 있습니다.

❸ milk • • May I look in a ( )?
거울을 볼 수 있습니까?

❹ mouse • • ( ) are sensitive to the minor vibrations.
두더지들은 작은 진동에도 민감합니다.

❺ monkey • • I had ( ) soup for lunch.
점심으로 버섯 스프를 먹었습니다.

❻ moles • • There is a ( ) in the room.
방에 쥐가 있어요.

name [neim] 네임 명이름, 성명

What's your name?
왓츠 유어 네임

당신의 이름이 무엇입니까?

near [niər] 니어 형가까이

His house is very near.
히즈 하우스 이즈 베리 니어

그의 집은 아주 가깝습니다.

word house 집 / very 아주

neck [nek] 넥 **명** 목

She had a scarf around her **neck**.

쉬 해드 어 스카프 어라운드 허 넥

그녀는 목에 스카프를 두르고 있었습니다.

need [niːd] 니드 **동** 필요하다

I **need** this job.

아이 니드 디스 잡

나는 이 직장이 꼭 필요합니다.

word job 일, 직업

nephew [néfjuː] 네퓨 **명** 조카

He is my **nephew** by descent.

히 이즈 마이 네퓨 바이 디센트

그는 내 조카뻘이 됩니다.

word descent 가계, 혈통

N

nest [nest] 네스트 **명** 둥지

I found a bird **nest**.
아이 파운드 어 버드 네스트
나는 새 둥지를 발견했습니다.

word found 기초를 두다
bird 새

never [névər] 네버 **부** 결코 ~않다

It is **never** too late to learn.
잇 이즈 네버 투 레잇투 런
배움에는 절대 늦음이 없습니다.

new [nju:] 뉴 **형** 새로운

He entered into a **new** business.
히 엔터드 인투 어 뉴 비즈니스
그는 새로운 사업을 시작했습니다.

word enter 들어가다
business 사업, 장사

282

news [njuːz] 뉴스 명 뉴스, 소식

He carried the news to everyone.

히 케리드 더 뉴스 투 에브리원

그는 그 소식을 여러 사람에게 돌아가며 알렸습니다.

word carried 운반된 / everyone 모든 사람

next [nekst] 넥스트 형 다음의

We're moving out next week.

위알 무빙 아웃 넥스트 위크

우리는 다음 주에 이사를 갑니다.

word moving 움직이는
week 주

이삿짐 센타

nice [nais] 나이스 형 좋은, 멋진, 친절한

He is a nice guy.

히 이즈 어 나이스 가이

그는 아주 좋은 사람입니다.

word guy 사내

N

niece [niːs] 니스 명 조카딸

He doted on his six-year-old **niece**.

히 도디 온 히즈 식스 이어즈 올드 니스

그는 여섯 살 난 조카딸을 정말 귀여워했습니다.

word doted 맹목적으로 사랑하다

night [nait] 나이트 명 밤

No. Let's stay out all **night**!

노 랫츠 스테이 아웃 올 나이트

안돼요. 밤새 놀자구요!

word stay 머무르다

no [nou] 노 부 (대답에서) 아니, 하나도 없는

I have **no** sense of humor.

아이 해브 노 센스 어브 휴머

나는 유머 감각이 없습니다.

word sens 감각
humor 유머

nobody [nóubàdi] 노바디 때 아무도 ~않다, 없다

Nobody was there.
노바디 워즈 데어
거긴 아무도 없었습니다.

word there 거기에

noise [nɔiz] 노이즈 명 소리, 소음

I was startled at the **noise**.
아이 워즈 스타돌드 앳 어 노이즈
나는 그 소리에 놀랐습니다.

noodle [núːdl] 누들 명 국수

Noodles were first made in China.
누들 워 퍼스트 메이드 인 차이나
국수는 중국에서 제일 먼저 만들어졌습니다.

word first 첫 번째의
made 만들어진 / China 중국

N

285

noon [nuːn] 눈   명 정오

I landed in Busan at noon.
아이 랜디드 인 부산 앳 눈

나는 정오에 부산에 도착했습니다.

word landed 땅의
noon 정오

north [nɔːɾθ] 노스   명 북쪽

The wind sits in the north.
더 윈드 싯츠 인 더 노스

바람이 북쪽에서 불어옵니다.

word wind 바람
sits ~에서 불어오다

nose [nouz] 노우즈   명 코

My nose is stuffy.
마이 노우즈 이즈 스타피

나의 코가 막힙니다.

word stuffy 숨 막힐 듯한

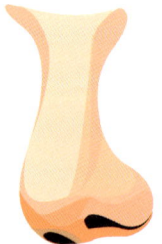

not [nɑt] 낫트 부 아니다

His mistake is not a trivial matter.
히즈 미스테익 이즈 낫 어 트리비얼 매러

그의 실수는 사소한 문제가 아닙니다.

word mistake 잘못, 실수
trivial 사소한 / matter 문제

note [nout] 노트 명 짧은 기록, 메모

The man is writing a note.
더 맨 이즈 와이링 어 노트

남자가 메모를 하고 있습니다.

word writing 쓰기

now [nau] 나우 부 지금, 현재

Now it's time for you to start.
나우 잇츠 타임 풔 유 투 스타트

이제 떠날 시간입니다.

word now 지금 / time 시간
start 출발하다, 떠나다

N

number [nʌ́mbər] 넘버 📗수, 숫자

I put his phone **number** on paper.

아이 풋 히즈 폰 넘버 온 페이퍼

나는 그의 전화번호를 써두었습니다.

word put 놓다 / phone 전화
paper 종이

nurse [nəːrs] 노올스 📗간호사

I am an emergency department **nurse**.

아이 앰 언 이머전시 데파트먼트 노올스

나는 응급실 간호사입니다.

word emergency 비상, 응급
department 부, 부문

nut [nʌt] 넛트 📗견과(호두 밤 따위)

The **nut** is very hard to crack.

더 넛트 이즈 베리 하드 투 크랙

호두는 잘 깨지지 않습니다.

word crack 깨뜨리다

neck
목

notebook
노트

nose
코

necktie
넥타이

night
밤

exercise N 위의 단어를 보고 괄호 안에 들어갈 알맞은 단어를 줄로 이으세요.

❶ neckties ● ● My ( ) is stuffy.
나의 코가 막힙니다.

❷ notebook ● ● No. Let's stay out all ( )!
안돼요. 밤새 놀자고요!

❸ night ● ● A giraffe has a long ( ).
기린의 목은 깁니다.

❹ nose ● ● Where can I get ( )?
넥타이는 어디서 팝니까?

❺ neck ● ● The man is writing a ( ).
남자가 메모를 하고 있습니다.

o'clock [əklák] 오클락 부시, 시각

It began raining from three o'clock.
잇 비겐 레이닝 프럼 쓰리 오클락

3시부터 비가 오기 시작했어요.

word began begin(시작되다)의 과거
rain 비 / three 3

octopus [áktəpəs] 억티푸스 명문어, 낙지

I did see an octopus.
아이 디드 시 언 억티푸스

난 문어를 보았어요.

word see 보다

of [əv] 어브 전 ~의, ~중에서

He was a rival of mine.

히 워즈 어 라이벌 어브 마인

그는 나의 경쟁자였습니다.

word rival 경쟁자, 라이벌
      mine 나의

off [ɔːf] 어프 부 벗고, 멀리

They peeled off their clothes and jumped into the water.

데이 필드 어프 데얼 클로즈 앤드 점프드 인투 더 워러

그들은 옷을 벗고 물속으로 뛰어들었습니다.

word peel 껍질을 벗기다 / their 그들의
      clothes 옷 / jump 뛰어 오르다

office [ɔ́ːfis] 어피스 명 사무실

He looked out the office.

히 룩트 아웃 디 어피스

그는 그 사무실 밖을 바라보았습니다.

word look 보다
      out 밖에

O

often [ɔ́(ː)ftən] 어픈 **부** 흔히, 자주

Do you **often** go to concerts?

두 유 어픈 고 투 컨서트

음악회 자주 가시나요?

word concert 음악회

oh [ou] 오 **감** 아, 아이구

Oh my God! This is amazing!

오 마이 갓 디스 이즈 어메이징

와, 세상에! 이거 참 놀라운 일이로군!

word amazing 놀랄 정도의

oil [ɔil] 오일 **명** 기름, 유화, 유화물감

Oil will not unite with water.

오일 윌 낫 유나이트 위드 워러

기름과 물은 서로 겉돕니다.

word not 아니 / unite 결합하다
water 물

OK [óukei] 오케이 **부** 좋아, 괜찮아

OK. I'll try.

오케이 아일 트라이

알았어. 해 볼게.

word try 해보다

old [ould] 올드 **형** 늙은, 나이든

He's as **old** as the hills.

히즈 애즈 올드 애즈 더 힐스

그는 아주 늙었습니다.

word hill 언덕, 고갯길

on [ɑn] 온 **전** 위에

The boat floated **on** the water.

더 보트 플로우트 온 더 워러

배가 물 위에 떠 있었습니다.

word boat 배 / float 뜨다
　　　 water 물

O

once [wʌns] 원스 [부] 이전에, 한번

I've been in a car accident once before.
아이브 빈 인 어 카 애시던트 원스 비풔어

이전에 한번 자동차 사고를 당한 적이 있었어요.

word car 자동차 / accident 사고
before 앞서

onion [ʌ́njən] 어니언 [명] 양파

Hold the onion from the soup.
홀드 디 어니언 프럼 더 숩

수프에서 양파 빼주세요.

word soup 수프
hold ～을 빼고 주시오(미국 식당 속어)

only [óunli] 온리 [부] 오직, 단지

She only talks about herself.
쉬 온리 토크 어바웃 허셀프

그녀는 오직 자기밖에 모릅니다.

word talk 말하다 / about ～에 대하여
herself 그녀 자신

open [óupən] 오픈 통 열다

This windows won't **open**.
디스 윈도우스 온트 오픈
이 창문이 열리지 않습니다.

word windows 창문

or [ɔr] 오어 전 혹은, 또는

Which do you like better,
soccer **or** baseball?
위치 두 유 라잌 베러 사커 오어 베이스볼
축구와 야구 중에 어떤 것을 더 좋아하니?

word like 좋아하다 / better 보다 좋은
soccer 축구 / baseball 야구

orange [ɔ́:rindʒ] 오렌쥐 명 오렌지

I have a tomato and an
orange.
아이 해브 어 토메로 앤드 언 오렌쥐
나한테 토마토 하나와 오렌지 하나가 있어요.

word tomato 토마토

O

other [ˈʌðər] 아덜 형 다른, 그 밖의

Other colors?
아덜 컬러스

다른 색깔들은 없습니까?

word colors 색깔들

out [aut] 아웃 부 밖에, 밖으로

I'd like to check out now.
아이드 라잌 투 첵 아웃 나우

체크아웃을 하려고 합니다.

word check 점검
　　　　 now 지금

over [óuvər] 오버 전 위에, 위로, 끝난

She is over the pond.
쉬 이즈 오버 더 폰

그녀는 그 연못 너머에 있습니다.

word pond 못

observe	one-piece	owl	ostrich	Olympics
관찰하다	원피스	올빼미	타조	올림픽

exercise ○ 위의 단어를 보고 괄호 안에 들어갈 알맞은 단어를 줄로 이으세요.

❶ owls •

• Are you looking for a (　) ?
원피스를 찾으세요?.

❷ Olympics •

• The (　) has a long neck.
타조는 목이 길어요.

❸ one-piece •

• We have won medals in the (　).
우리는 올림픽 경기에서 메달을 땄습니다.

❹ ostrich •

• The men were (　) for ten years.
10년동안 이들을 관찰했습니다.

❺ observed •

• The eyes of (　) can penetrate the dark.
올빼미 눈은 어둠 속에서도 볼 수 있습니다.

297

## 05

수식어

수식어에는 명사 앞에 와서 성질을 알려주는 관사가 있고 명사나 명사구를 묘사하는 것을 말하는 형용사가 있으며 또한 문장에 덧붙여져서 문장을 보다 풍부하게 해주는 부사가 있다.

Unit 1 관사

관사는 정관사 the가 있고 부정관사 a, an이 있다. the는 수식받거나 한정된 특정 명사, 그러니까 정해진 명사 앞에 붙기 때문에 정관사라고 부르고 a, an 은 정해지지 않은 보통명사 앞에 붙기 때문에 부정관사라고 부른다. 정관사 the는 단수나 복수, 셀 수 있는 명사나 셀 수 없는 명사에 관계없이 이름 그대로 무엇인가 정해진 명사 앞에 쓰인다.

	정관사 the	부정관사 a, an
의미	that (그, 저) 특정한 것	one (하나의) 특정하지 않은 것
용법	모든 명사 앞 단수와 복수 명사 앞	셀 수 있는 명사 앞 단수 명사 앞

1 정관사 - The

정해져 있거나 서로 알고 있는 대상에 대해서 the를 쓰는데 자음으로 발음되는 단어 앞에서는 [ðə], 모음 앞에서는 [ði]로 발음된다. 그 ~라는 의미로 앞에서 나왔던 명사나 말하고 있는 사람이 가리키는 것, 알고 있는 사물이나 사항 앞에 오는 것이 원칙이다.

자음 앞에 올 때 — the man [ðə mæn] ; the history [ðə hístəri]
모음 앞에 올 때 — the old man [ði ould mæn] ; the hour [ði áuər]

● 분명히 정해진 셀 수 있는 명사나 셀 수 없는 명사 앞에서 한정적으로 쓰이며 '그~'이라는 뜻이다.

Turn the light off, please. 불을 좀 꺼주세요.

● 상황을 파악하고 있을 때는 the를 쓴다.

Could you pass the coffee? 커피를 주시겠습니까?

● 명사 뒤에 수식하는 말 in black 이 따라올 경우에는 the를 쓴다.

I'm looking at the man in black.
나는 검은 옷을 입은 남자를 보고 있습니다.

● 상대방이 알아들을 수 있는 유일무이한 명사와 함께 쓴다.

The earth moves round the sun. 지구는 태양 주변을 돕니다.

● 분명한 대상인 해와 달, 그리고 동서남북 등 방향을 가리킬 때는 the를 쓴다.

The moon was set and it was very dark.
달이 지자 아주 캄캄했습니다.

● the + 형용사 = 복수보통명사(the rich = rich people)

The rich are not always happy. 부자라고 반드시 행복한 것은 아닙니다.

The school is near the subway. 학교는 지하철 부근에 있습니다.
School is start at eight o'clock. 수업은 8시에 시작됩니다.

※ school에 관사가 없으면 본래의 목적인 수업을 뜻하나 관사가 있으면 학교 건물을 가리킨다.

2 부정관사 - a / an

정해지지 않은 사물에 대해선 부정관사 a나 an을 쓴다. a는 셀 수 있는 명사 (사람이나 사람)앞에 사용된다고 생각해 두면 된다. 그리고 뜻은 '하나'라는 것도 알아 두도록 하자.

자음으로 발음되는 단어 앞에는 [ə]를, 모음으로 발음되는 단어 앞에는 [ən]을 쓴다.

자음 앞에 올 때 — a man [ə mæn] ; a book [ə buk]
모음 앞에 올 때 — an old man [ən ould mæn] ; an aple [ən ǽpl]

● an orange는 one orange와 같다. 여기서 a는 개수 한 개를 뜻한다.

You have an orange. 당신은 오렌지 하나를 가지고 있습니다.
There is a pen **on the desk.** 책상 위에 펜이 하나 있어요.

We had a nice dinner. 우리는 맛있는 저녁식사를 했습니다.
I'll see you after dinner. 저녁시간 후에 봅시다.

※ dinner 앞에 형용사가 있을 때는 a를 붙이지만 '저녁시간'이라고 할 때는 보통 관사를 쓰지 않는다.

❶ 관사가 쓰여지는 구

in the sun 양지에	at a loss 어찌할 바를 모르고
in the wrong 잘못된	at a distance 좀 떨어져서
in the right 도리가 있는, 바른	as a rule 일반적으로
in a hurry 서둘러	have a cold 감기에 걸려 있다
in distance 저 멀리에	for a time 당분간

❷ 관사가 생략되는 구

on foot 도보로	rich and poor 부자와 가난한 자
day by day 나날이	at home 집에 있는
by mail 우편으로	day after day 나날이
by bus 버스로	by chance 우연히
hand in hand 협력하여	by mistake 실수로
face to face 얼굴을 맞대어	at hand 바로 가까이에

Unit 2 형용사

사람이나 물건의 성질, 상태, 수량 등을 나타내는 말로서 big, good, beautiful, new와 같이 사물이나 사람에 대해 표현하는 말을 가리킨다. 형용사는 대상의 성질과 모양뿐만 아니라 개인적 견해, 색깔, 기원, 재료, 용도 등을 나타내며 명사를 직접 수식하거나 be동사 등의 보어로 사용된다. 형용사는 수와 성(性)이 변해도 모양은 변하지 않지만 비교급(older)과 최상급(oldest)일 때에만 모양이 달라진다.

1 형용사의 용법

형용사의 용법에는 두 가지가 있는데 명사 앞에서 쓰여 명사를 꾸며줄 때 한정적 용법이라고 하고, 문장의 주요소로서 상태를 나타내는 보어역할을 할때 서술적 용법이라고 한다. 대부분의 형용사는 이 두 가지 용법으로 다 쓰이나 어떤 형용사는 어느 한 용법으로만 쓰이기 때문에 주의해야 한다.

❶ 한정적으로만 쓰이는 형용사

명사 앞에서 수식하기만 하고 서술하는 데는 쓰지 않는 형용사, 즉 한정적 용법으로는 only(오직), utter(철저한), elder(연장자의), chief(우두머리), former(앞의), main(주된), eldest(가장 나이 많은) 등이 있다.

I love pretty Jane. 나는 예쁜 제인을 사랑한다.

There is something wrong in this sentence.
이 문장에는 잘못된 것이 있다.

❷ 서술적으로만 쓰이는 형용사

a로 시작하는 alone(홀로/외로운), alike(비슷한), alive(활발한), ashamed(부끄러워), asleep(잠들어), awake(자지 않고), afraid(걱정하여)와 감정을 나타내는 glad(기쁜), happy(행복한), pleased(기뻐하는), tedious(주루한), gratifyin(흐뭇하다)과 건강과 관련된 well(건강한), ill(병든)

등은 서술적으로만 쓰이는 형용사이다.

I'll make you happy. 당신을 행복하게 해드리겠습니다.

Will you keep your mouth shut? The baby is asleep.
입을 닫고 조용히 계십시오.

2 혼동하기 쉬운 형용사

다음의 형용사들은 비슷한 형태를 띠고 있어 혼동하기 쉽다.

considerable 다량, 상당한 / considerate 동정심 많은, 인정이 있는

He has a considerable **fortune.** 그는 상당히 많은 재산을 가지고 있습니다.

It is considerate **of you to do so.** 그렇게 하다니 당신은 참 인정이 많군요.

luxurious 사치스러운, 호사스러운 / luxuriant 번성한, 울창한

That is a luxurious **dress.** 저것은 사치스런 드레스입니다.

Luxuriant **forests covered the hills.** 울창한 숲이 언덕을 뒤덮었습니다.

imaginary 상상의, 가상의 / imaginable 상상할 수 있는 / imaginative 상상력이 풍부한

Fairies are imaginary **creatures.** 요정은 상상의 동물입니다.

I have tried every means imaginable.
나는 생각나는 대로 온갖 수단을 썼습니다.

She is an imaginative. 그녀는 상상력이 풍부합니다.

intelligible 알기 쉬운, 이해할 수 있는 / intelligent 총명한

He didn't say anything intelligible. 그는 알기 쉽게 말하지 않습니다.

She in an intelligent **woman.** 그녀는 총명한 여자입니다.

respectable 훌륭한 / respectful 공손한 / respective 각각의, 각자의

He comes from a respectable family. 그는 훌륭한 집안의 사람입니다.

You should be respectful to your superiors.
손윗사람에 대해서 공손해야 합니다.

The tourists went back to their respective countries.
관광객은 자기 나라로 돌아갔습니다.

3 수량형용사

❶ 수량형용사 - Many

수량형용사는 수나 양을 나타내는 형용사를 말하며 기수와 서수도 포함된다. many는 다수의 뜻으로 수의 많음을 나타내며 셀 수 있는 명사의 복수형과 함께 쓴다. many 대신 a lot of, lots of, a good many, plenty of 등의 표현을 쓰기도 한다.

Tom has many friends in Korea. 탐은 한국에 친구가 많습니다.

Many a friend was invited. 많은 친구들이 초대되었습니다.

❷ 수량형용사 - Much

much는 다량의 뜻으로 양의 많음을 나타내며 셀 수 없는 명사 앞에 쓴다. much 대신 a lot of, lots of, a good deal of, a great deal of 등을 쓰기도 한다.

How much milk do you drink every morning?
매일 아침 우유를 얼마나 마십니까?

How much did you lose? 당신은 얼마를 손해보셨습니까?

❸ 수량형용사 - Few

many와 반대로 few는 셀 수 있는 명사의 복수형에 대해 그 수가 적거나 거의 없음을 나타내며 복수 취급을 한다. few는 부정적 의미를 나타내는 '거의 없는, 조금밖에 없는'의 의미이고 긍정적 의미로는 '다소의, 약간의'라는 뜻을 갖는다.

Few artists live luxuriously. 사치스럽게 사는 예술가는 거의 없습니다.

I have few friends. 나는 친구가 거의 없습니다.

❹ 수량형용사 - Little

little은 셀 수 없는 명사의 양을 나타낸다. 부정적 의미로 '조금밖에 없는, 거의 없는'을 표현하고 a little는 긍정적 의미로 '조금은 있는, 적으나마 약간 있는'의 뜻을 나타낸다.

I have but little money. 돈이 조금밖에 없습니다.

We have too little free time. 자유시간이 너무 없습니다.

Unit 3 부사

부사는 'ad-verb'라는 어원에서 시사되듯 동사의 의미를 더하는 개념을 가진다. 동사, 형용사, 다른 부사, 부사구, 절 혹은 문장 전체를 수식하는 말로써 동사, 형용사, 또 다른 부사, 절을 앞에서 꾸며 줄 수도 있고 뒤에서 설명할 수도 있다. 그러나 부사는 언제나 임의적인 요소일 뿐이다. 이런 임의적인 요소가 문장에 가미됨으로써 문장은 보다 듣기에 편하고 정확한 정보가 전달되게 된다.

1 부사의 역할

She sings well. 그녀는 노래를 잘합니다. (동사 sings 수식)

It was really hot. 날씨가 무척 더웠습니다. (형용사 hot 수식)

He runs very fast. 그는 매우 빨리 달립니다.(부사 fast 수식)

Suddenly she rushed out of the room.

갑자기 그녀는 방을 뛰쳐나갔습니다. (문장 전체 수식)

※ 형용사는 명사를 수식하고 부사는 동사, 형용사, 부사, 문장 전체를 수식합니다.

2 부사의 위치

부사는 문장 맨 앞(front position), 문장 중간(mid position), 문장 끝(end position) 어디든 쓸 수 있다. 그러나 확정된 시간이나 장소를 나타내는 부사는 문장의 앞 또는 뒤에 오며 문장의 중간으로 가지 않는다. 문장 앞은 주어 앞에 오는 것을 나타내고 문장 중간은 주어와 일반동사 사이나 첫 번째 조동사와 일반동사 사이 위치를 말한다. 문장 끝은 말 그대로 문장의 끝 부분에 위치하는 것을 뜻한다. 대개 부사가 새로운 내용을 전달하기 위해서 문장 끝에 놓인다.

문장 맨 처음	문장 중간	문장 끝
Really, I can't say.	I can't really say.	I can't say, really.

● 확정된 시간이나 장소를 나타내는 부사

I met her yesterday. (O) 어제 그녀를 만났어요.

I yesterday met her. (×)

3 부사의 형태와 위치

대부분의 부사는 형용사 + ly의 형태로 이루어져 있다.

예 careful→carefully, beautiful→beautifully, sure→surely,
nice→nicely, quiet→quietly, sudden→suddenly

형용사에 ly를 붙이는 규칙은 다음과 같다.

● 자음 + y로 끝나면 y는 ily로 바꾼다.

예 angry→angrily(성나서), lucky→luckily(운좋게), happy→happily(행복하게)

● 끝에 붙은 e는 그대로 두고 ly를 붙인다.

예 polite→politely(공손히), nice→nicely(좋게), safe→safely(안전하게)

● 끝에 붙은 le는 ly로 바꾼다.

예 probable→probably(아마), comfortable→comfortably(편히)

● 끝에 붙은 ic는 ically로 바꾼다.

예 dramatic→dramatically(극적으로), magic→magically(기적적으로)

● ly로 끝나는 형용사

lonely, lovely, friendly, silly, lively, ugly, likely는 ly로 끝나지만 모두 형용사이다.
이 형용사에는 부사어미 ly를 붙일 수 없다.

Sunshine on the water looks so lovely.

물 위로 비치는 햇빛이 너무나 아름다워 보여요.

Tam lived happily.

탐은 행복하게 살았습니다.

4 형용사와 부사가 형태가 같은 경우

형용사, 부사로 모두 쓰이는 형용사에는 hard, fast, low, deep, high, early, long, late 등이 있다.

	형용사	부사
hard 힘든 / 열심히	We did some hard work. 우리는 힘든 일을 했습니다.	We worked hard. 우리는 열심히 일했습니다.
fast 빠른 / 빨리	I came on the fast train. 나는 급행열차에 탔습니다.	He ran fast. 그가 빨리 달렸습니다.
late 늦은 / 늦게	I was late for school. 나는 학교에 지각했습니다.	I got up late yesterday. 나는 어제 늦게 일어났습니다.
early 이른 / 일찍	I'm a real early bird. 나는 정말 일찍 일어납니다.	I get up early in the morning. 나는 아침 일찍 일어납니다.

5 주의해야 할 부사

부사 중에는 hard(힘든, 열심히)와 hardly(거의 ~않다)처럼 겉으로는 형용사와 부사의 짝처럼 보이지만 의미가 다른 경우가 있다.

hard 열심히	I worked hard. 나는 열심히 일했습니다.
hardly 거의~않다	I've got hardly any money. 나는 거의 돈이 없습니다.
late 늦게	I often get up late. 나는 종종 늦게 일어납니다.
lately 최근에	I've been feeling ill lately. 최근에 나는 아팠습니다.
free 공짜로	We got into the concert free. 우리는 공짜로 음악회에 갔습니다.

308

good 그리고 well

well이 형용사로 쓰이면 건강한(=in good health)이란 뜻이다.

I was ill, but I'm well now. 전에 아팠지만 지금은 건강해요.

	형용사	부사
good/well	**Paul is a good dancer.** 폴은 춤을 잘 춥니다.	**Paul dances well.** 폴은 춤을 잘 춥니다.
bad/badly	**I made a bad mistake.** 나는 심한 실수를 했습니다.	**I did badly in the test.** 나는 시험을 망쳤습니다.

package [pǽkidʒ] 패키지 [명] 소포, 짐

Who is waiting for the package?

후 이즈 웨이링 풔 더 패키지

소포를 기다리는 사람은 누구죠?

word waiting 기다리기

page [peidʒ] 페이지 [명] 페이지, 쪽

He ripped a page out of a book.

히 레퍼드 어 페이지 아웃 어브 어 북

그는 책에서 한 페이지를 떼어내었습니다.

word rip 떼어내다
book 책

310

paint [peint] 페인트 명 페인트 동 페인트를 칠하다, 그리다

Wet paint smears easily.
웻 페인트 스미어스 이즐리

갓 칠한 페인트는 더러워지기 쉽습니다.

word smear 칠하다, 바르다
easily 쉽사리

pair [pɛər] 페어 명 한 쌍, 한 벌, 한 켤레

The man is buying a pair of shoes.
더 맨 이즈 바잉 어 페어 어브 슈즈

남자가 신발 한 켤레를 사고 있습니다.

word buy 사다
shoes 신발

pants [pænts] 팬츠 명 바지

New pants are to short.
뉴 팬츠 알 투 쇼트

새로 산 바지는 너무 짧아요.

word new 새로운
short 짧은

paper [péipər] 페이퍼 명 종이, 신문

Could I get a piece of paper?

쿠드 아이 겟 어 피이스 어브 페이퍼

종이 한 장을 얻을 수 있을까요?

word get 얻다
piece 조각, 단편

parasol [pǽrəsɔ̀ːl] 패러솔 명 파라솔

People have put up parasols of various colors all along the beach.

피플 해브 풋 업 패러솔즈 어브 베리어스 칼라스 올 얼롱 더 비치

해수욕장은 사람들이 세워 놓은 파라솔로 울긋불긋했습니다.

word various 가지가지의 / colors 색깔들
along 따라 / beach 해변

pardon [pάːrdn] 파든 명 용서, 관용

She went to ask for pardon.

쉬 웬 투 에스크 풔 파든

그녀는 용서를 받으러 갔습니다.

word went go(가다)의 과거
ask 묻다, 바라다

312

parent [pέərənt] 페어런츠 명 부모

I will speak to my parents today.
아이 윌 스피크 투 마이 페어런츠 투데이
부모님께 오늘 말씀드릴 작정입니다.

word speak 말하다
today 오늘

park [pɑːrk] 파크 명 공원, 유원지

Is there a park near the apartment?
이즈 데어 러 파크 니어 디 아파트먼트
아파트 근처에 공원이 있습니까?

word there 거기에 / near 가까이
apartment 아파트

part [pɑːrt] 파트 명 일부, 부분

This part is difficult to understand.
디스 파트 이즈 디퓌컬투 언더스텐드
이 부분은 이해하기가 어려워요.

word difficult 어려운
understand 이해하다

P

313

party [pá:rti] 파티 명 파티, 모임

They prepared for the
party with zeal.

데이 프리페어드 풔 더 파리 위드 지어

그들은 파티 준비에 열중했습니다.

word prepared 준비되어 있는
zeal 열중

pass [pæs] 패스 동 지나가다, 건네주다, 합격하다

Did you pass the exam?

디듀 패스 디 이그잼

당신은 시험에 붙었습니까?

word exam 시험

pay [pei] 페이 동 지불하다

How much did you pay
for it?

하우 머취 디듀 페이 풔 잇

얼마나 지불하였나요?

word how 어떻게
much 많은 것

314

peace [piːs] 피이스 명 평화

Peace is desired by everybody.

피이스 이즈 디자이얼드 바이 애브리바디

평화는 모든 사람의 바람입니다.

word desire 바라다
everybody 누구나

pear [pɛər] 페어 명 배

I like apples better than **pears**.

아이 라잌 애플즈 배러 댄 페어즈

나는 배보다 사과가 좋아요.

word like 좋아하다
apple 사과

pen [pen] 팬 명 펜

There is a **pen** on the desk.

데어 이즈 어 팬 온 더 데스크

책상 위에 펜이 하나 있어요.

word desk 책상

P

pencil [pénsəl] 팬슬 명 연필

Do you have a pencil?
두 유 해브 어 팬슬
연필 있습니까?

people [píːpl] 피플 명 사람들

Were there a lot of people in the park?
웨어 데어 어 랏 어브 피플 인 더 팍
공원에 사람들이 많았습니까?

word there 거기에 / lot 많음
park 공원

pepper [pépər] 페퍼 명 후추

Add salt and pepper at the end.
애드 쏠트 앤 페퍼 앳 디 앤드
마지막에 소금과 후추를 넣으세요.

word add 더하다 / salt 소금

316

perfect [pə́ːrfikt] 퍼팩트 〔형〕완전한, 완벽한

Everything was perfect.
애브리씽 워즈 퍼팩트
모든 것이 완벽했습니다.

`word` everything 모든 것

persimmon [pəːrsímən] 퍼시먼 〔명〕감

A persimmon fell from the tree.
어 퍼시먼 펠 프럼 더 트리
감이 나무에서 툭 떨어졌습니다.

`word` fell fall (떨어지다)의 과거 / tree 나무

person [pə́ːrsn] 퍼슨 〔명〕사람

A person is waiting for a bus.
어 퍼슨 이즈 웨이링 풔러 버스
한 사람이 버스를 기다리고 있습니다.

`word` waiting 기다리기
bus 버스

P

photo [fóutou] 포토 명 사진

This **photo** has come out well.
디스 포토 해즈 컴 아웃 웰
이 사진은 잘 나왔습니다.

word well 더할 나위 없이

piano [piǽnou] 피애노 명 피아노

I play the **piano** for fun.
아이 플래이 더 피애노 풔 펀
전 취미삼아 피아노를 칩니다.

word play 놀다
fun 장난

pick [pik] 픽 동 고르다, 선택하다

People **pick** fruit at an fruit shop.
피플 픽 프룻 앳 언 프룻 샵
사람들이 과일가게에서 과일을 고르고 있습니다.

word people 사람들 / fruit 과일

318

# picnic [píknik] 피크닉 	몡소풍, 피크닉

We had a lot of fun at the
picnic.

위 해드 어 랏 어브 펀 앳 더 피크닉

우리는 소풍을 가서 재미있게 놀았습니다.

word fun 놀이

# picture [píktʃər] 픽쳐 	몡그림, 사진

I'm collecting picture
postcards.

아임 컬랙팅 픽쳐 포스트가드

그림엽서를 수집하고 있습니다.

word collect 수집하다
postcard 우편엽서

# piece [piːs] 피이스 	몡단편, 한 조각

Your brother left over a
piece of pizza.

유어 브라더 레프트 오버러 피이스 어브 피자

당신 형이 피자 한 조각을 남겨뒀습니다.

word brother 형
pizza 피자

P

pig [pig] 피크 명 돼지

We are looking at the pig.
위알 룩킹 앳 더 피그

우리는 돼지를 보고 있어요.

word look 보다

pilot [páilət] 파일럿 명 조종사

The pilot is at the controls of the airplane.
더 파일럿 이즈 앳 더 컨트롤즈 어브 디 에어플래인

그 조종사는 비행기를 조종하고 있습니다.

word control 지배, 조종
airplane 비행기

pin [pin] 핀 명 핀

This pin is sharp.
디스 핀 이즈 샤아프

이 핀은 날카롭습니다.

word sharp 날카로운

pine [pain] 파인 <u>명</u> 솔, 소나무

The hill has a pine forest.
더 힐 해즈 어 파인 포에스트

그 언덕에는 소나무 숲이 있습니다.

word hill 언덕
　　　 forest 숲

pineapple [páinæpl] 파인애플 <u>명</u> 파인애플

I ordered a glass of pineapple juice.
아이 오덜드 어 글래스 어브 파인애플 주스

나는 파인애플 주스 한 잔을 주문했습니다.

word order 주문
　　　 glass 컵 / juice 주스

pink [piŋk] 핑크 <u>명</u> 연분홍색, 핑크색

I don't look good in pink.
아이 돈ㅌ 룩 굿 인 핑크

나는 분홍색이 안 어울려요.

word look 하게 보이다

P

pipe [paip] 파이프 <u>명</u> 관, 파이프

Water is leaking from the pipe.

워러 이즈 릭킹 프럼 더 파이프

파이프에서 물이 흐릅니다.

`word` leak 샘, 새는 물

place [pleis] 플래이스 <u>명</u> 장소, 곳 <u>동</u> 놓다, 위치시키다

What place will be good for a vacation?

왓 플래이스 윌 비 굿 풔 어 버케이션

휴가로 어떤 장소가 좋을까요?

`word` good 좋은
vacation 휴가

plan [plæn] 플랜 <u>명</u> 계획 <u>동</u> 계획하다

The plan is certain to succeed.

더 플랜 이즈 설튼 투 석세스

그 계획은 꼭 성공하게 되어 있습니다.

`word` certain 확신하는
succeed 성공하다

322

plane [plein] 플래인 명 비행기

The plane began to descend.
더 플래인 비겐 투 디센드
비행기가 하강하기 시작했습니다.

word began begin(시작되다)의 과거
descend 내려오다

plant [plænt] 플랜트 명 식물 동 나무를 심다, 씨를 뿌리다

I'm watering the plant.
아임 워러링 더 플랜트
식물에 물을 주고 있습니다.

word watering 물을 주다

play [plei] 플레이 동 놀다

My children are at play.
마이 췰드런 알 앳 플레이
나의 아이들이 놀고 있습니다.

word children 아이들

P

323

please [pliːz] 플리즈 <u>부</u>제발, 부디

Please don't butt in my life.
플리즈 돈ㅌ 벗트 인 마이 라이프
제발 내 인생에 간섭하지 말아주십시오.

word butt 간섭하다
life 생명, 삶

pocket [pákit] 포켓트 <u>명</u>호주머니

He put his hands in his **pockets**.
히 풋 히즈 핸즈 인 히즈 포켓트
그는 호주머니에 손을 넣었어요.

word put 넣다
hand 핸드

poem [póuəm] 폼 <u>명</u>시

The **poem** is in the Korean textbook.
더 폼 이즈 인 더 코리언 테스트북
그 시는 국어 교과서에 실려 있습니다.

word Korean 한국말
textbook 교과서

point [pɔint] 포인트 [명] 끄트머리, 끝 [동] 가리키다, 지적하다

Let me just point out one thing.

렛 미 저스트 포인트 아웃 원 씽

하나만 지적해도 될까요.

word just 바로, 꼭
      thing 것, 일

police [pəlíːs] 폴리스 [명] 경찰

We called in the police for help.

위 콜드 인 더 폴리스 풔 헬프

우리는 경찰에 도움을 요청했습니다.

word call 부르다
      help 돕다

pond [pɑnd] 폰드 [명] 못, 연못

The pond is about this deep.

더 폰드 이즈 어바웃 디스 딥

그 연못의 깊이는 이만큼이에요.

word deep 깊은

P

pool [puːl] 풀 **명** 수영장

They're relaxing in an indoor pool.

데이알 릴렉싱 인 언 인도어 풀

그들은 실내 수영장에서 편히 쉬고 있습니다.

word relax 피로를 풀다
indoor 실내의

poor [puər] 푸어 **형** 가난한, 불쌍한

He is a poor but honest man.

히 이즈 어 푸어 벗 어니스트 맨

그는 가난하지만 정직한 사람입니다.

word honest 정직한

pork [pɔːrk] 포크 **명** 돼지고기

I like beef better than pork.

아이 라잌 비프 베러 댄 포크

저는 돼지고기보다 쇠고기를 더 좋아합니다.

word like 좋아하다 / beef 쇠고기
better 보다 좋은

position [pəzíʃən] 포지션 명 위치, 자리

He resigned his position
to his son.

히 리자인드 히즈 포지션 투 히즈 선

그는 그 자리를 아들에게 물려주었습니다.

word resigned 내 맡긴
son 아들

post [poust] 포스트 명 우편, 우편물 동 우편물을 부치다

Where is the post?

웨어 이즈 더 포스트

우편물이 어디에 있습니까?

poster [póustər] 포스터 명 포스터, 벽보

I fixed a poster on the wall.

아이 픽스드 어 포스터 온 더 월

나는 벽에 포스터를 붙였습니다.

word fixed 고정된, 일정한

P

potato [pətéitou] 포테이토 명 감자

The potato is native to America.

더 포테이도 이즈 네이티브 투 어메리카

감자는 미국이 원산지입니다.

word native 원산의
America 미국

power [páuər] 파워 명 힘

He is in lack of will power.

히 이즈 인 랙 어브 윌 파워

그는 힘이 부족합니다.

word lack 부족

practice [præktis] 프락티스 명 실습 동 연습하다

I think I'll practice some more.

아이 씽 아일 프락티스 썸 모어

전 연습이나 더 하겠습니다.

word more 더 많은

present [préznt] 프레즌트 명 선물 통 선물하다

Here's a little present for you.

히어즈 어 리틀 프레즌트 풔 유

이것은 작은 선물입니다.

word little 작은

pretty [príti] 프리티 형 예쁜, 귀여운

She has a pretty doll, hasn't she?

쉬 해즈 어 프리티 돌 해즌트 쉬

그녀는 예쁜 인형을 가지고 있지요?

word doll 돌

price [prais] 프라이스 명 가격

I don't see a price tag.

아이 돈ㅌ 씨 어 프라이스 택

가격표가 보이지 않습니다.

word see 보다
　　　 tag 표

P

329

print [print] 프린트 명 인쇄 동 인쇄하다

Can you print this picture?
캔 유 프린트 디스 픽처
이 그림을 인쇄할 수 있나요?

word picture 그림

problem [prábləm] 프라브럼 명 문제

Are you able to do this math problem?
알 유 에이블 투 두 디스 매쓰 프라브럼
이 수학 문제 풀 수 있어요?

word able 할 수 있는
math 수학

promise [prámis] 프라미스 명 약속 동 약속하다

I promise that I will carry the garland.
아이 프라미스 댓 아이 윌 케리 더 갈랜드
우승할 것임을 나는 약속합니다.

word carry 손에 넣다
garland 화환, 화관

proud [praud] 프라우드 형 자랑스러워하는

I'm **proud** of my son.
아임 프라우드 어브 마이 선

나는 아들이 자랑스럽습니다.

word proud 자랑으로 여기는

pull [pul] 풀 동 잡아당기다

Would you **pull** your chair a little forward?
우드유 풀 유어 체어 어 리틀 포워드

의자를 조금만 앞으로 당겨주시겠어요?

word chair 의자 / little 작은, 조금
forward 앞으로

purple [pəːrpl] 퍼플 형 자주색의

Why do you like **purple** most?
와이 두 유 라잌 퍼플 모스트

왜 자주색을 가장 좋아하지요?

word like 좋아하다 / most 가장

P

331

push [puʃ] 푸쉬 图 밀다

Plants push out new
shoots in spring.
플랜츠 푸쉬 아웃 뉴 슈유츠 인 스프링
봄에 새싹이 나옵니다.

word plant 식물 / new 새로운
shoot 나오게 하다 / spring 봄

put [put] 풋 图 놓다, 두다

Put me through to the
fire department.
풋 미 쓰로 투 더 파이어 데파트먼트
소방서를 대주십시오.

word through 통하여
fire department 소방서

puzzle [pʌ́zl] 퍼즐 图 퍼즐, 수수께끼

I like to do puzzles.
아이 라잌 투 두 퍼즐스
나는 수수께끼 풀기를 좋아합니다.

word like 좋아하다

332

panda
팬더

picture
그림

painter
화가

parasol
파라솔

pig
돼지

pizza
피자

❶ pig   •   • He hopes to be a (   ).
그는 화가가 되기를 희망합니다.

❷ parasols •   • The (   ) is a shy creature.
판다는 겁이 많은 동물이에요.

❸ pizza   •   • Draw a (   ) to the life.
실물 그대로 그리세요.

❹ picture •   • We are looking at the (   ).
우리는 돼지를 보고 있어요.

❺ painter •   • Do you want to eat (   ) tonight?
오늘 저녁에 피자를 먹고 싶어요?

❻ panda   •   • People have put up (   ) of various colors
all along the beach.
해수욕장은 사람들이 세워 놓은 파라솔로 울긋불긋했습니다.

333

quality [kwálǝti] 퀄럴리 명 품질

The goods have gone up in quality.
더 굿즈 해브 곤 업 인 퀄러리
상품의 질이 좋아졌습니다.

queen [kwi:n] 퀸 명 왕비, 여왕

She wanted to be a great queen.
쉬 원티드 투 비 어 그레이트 퀸
그녀는 훌륭한 여왕이 되고 싶었습니다.

word wanted want(원하다)의 과거 · 과거분사
great 훌륭한

question [kwéstʃən] 퀘스천 명 물음, 질문

Now I will answer your **question**.

나우 아이 윌 앤서 유어 퀘스천

자, 이제 당신의 질문에 대답할게요.

word now 지금, 바로
answer 대답

quick [kwik] 퀵 형 빠른, 신속한

I have a **quick** temper.

아이 해브어 퀵 템퍼

나는 성질이 급합니다.

word temper 성질

quiet [kwáiət] 콰이엇 형 조용한, 고요한

Maintenance of **quiet** is necessary in a hospital.

매인틴언스 어브 콰이엇 이즈 네시서리 인 어 하스피털

병원에서는 조용히 해야 합니다.

word maintenance 유지
necessary 필수의 / hospital 병원

quit [kwit] 큇트 　동 그치다, 그만두다

Are you sure that you didn't quit?

아 유 슈어 댓 유 디든트 큇트

당신이 그만두지 않은 게 틀림없이 사실인가요?

word sure 틀림없는

quite [kwait] 콰이트 　부 완전히, 아주

That is not quite the answer.

댓 이즈 낫 콰이트 디 앤서

그것은 답이 아닙니다.

word not 아니다 / answer 답

quiz [kwiz] 퀴즈 　명 질문

I like to watch quiz shows.

아이 라잌 투 와치 퀴즈 쇼즈

나는 퀴즈 프로그램을 즐겨 봅니다.

word watch 관전하다 / shows 보이다

queen
여왕

quill
깃 펜

queue
줄

위의 단어를 보고 괄호 안에 들어갈 알맞은 단어를 줄로 이으세요.

❶ quill   •   • She wanted to be a great (   ).
그녀는 훌륭한 여왕이 되고 싶었습니다.

❷ queue   •   • I joined the end of the (   ).
나는 그 줄 끝에 붙어 섰습니다.

❸ queen   •   • How much is the (   )?
이 깃펜은 얼마나 하나요?

rabbit [rǽbit] 라빗트 　명 토끼

A dog runs as fast as a **rabbit**.

어 도그 런즈 애즈 패스트 애즈 어 라빗

개는 토끼만큼 빨리 달립니다.

word dog 개 / run 달리다
fast 빠른

race [reis] 레이스 　명 경주

Who finished first in the **race**?

후 피니쉬드 퍼스트 인 더 레이스

누가 경주에서 1등 했나요?

word finished 끝낸, 끝마친
first 첫 번째의

338

radio [réidiòu] 레디오 명 라디오

She is listening to the **radio**.

쉬 이즈 리스닝 투 더 레디오

그녀는 라디오를 듣고 있습니다.

word listening 청취, 들음

rain [rein] 레인 명 비 동 비가 오다

We have had much **rain** this summer.

위 해브 해드 머취 레인 디스 썸머

금년 여름에는 비가 많이 내렸습니다.

word much 많은
summer 여름

rainbow [réinbòu] 레인보우 명 무지개

A **rainbow** hangs in the sky.

어 레인보우 행즈 인 더 스카이

하늘에 무지개가 떠 있습니다.

word hang 걸다 / sky 하늘

R

read [riːd] 리드 　동 읽다

It pays to read good books.

잇 페이즈 투 리드 굿 북스

좋은 책들을 읽는 것은 좋은 것입니다.

word pay 이익을 주다, 치르다
　　　　good 좋은

ready [rédi] 레디 　형 준비된

He's ready to buy the book.

히즈 레디 투 바이 더 북

그는 책을 살 준비가 되어 있습니다.

word buy 사다

real [ríːəl] 리얼 　형 진짜의, 정말의

The movie was a real bomb.

더 무비 워즈 어 리얼 밤

그 영화 정말 형편없었어요.

word movie 영화
　　　　bomb 폭탄, 대실패

340

record [rikɔ́ːrd] 레코드 명 기록 동 기록하다

Will you check the records?
월 유 책 더 레코드

기록을 확인해 주시겠습니까?

word check 점검, 확인

red [red] 레드 명 붉은 색 형 붉은

Why is your face so red?
와이 이즈 유어 페이스 쏘 레드

얼굴이 왜 그렇게 빨개졌죠?

word face 얼굴

refrigerator [rifrídʒərèitər] 리프쥐에이러 명 냉장고

Then they are probably in the refrigerator.
댄 데이 알 프라버블리 인 더 리프쥐에이러

그럼 아마도 냉장고에 있을 거예요.

word probably 아마

remember [rimémbər] 리멤버 동 기억하다

I can't remember where
I put it.
아이 캔트 리멤버 웨어 아이 풋 잇

그걸 어디에 두었는지 기억이 안나요.

word where 어디에
put 두다

repeat [ripíːt] 리피트 동 되풀이하다, 반복하다

He usually repeat his
question.
히 유주얼리 리피트 히즈 퀘스천

그는 꼭 되풀이해 질문합니다.

word usually 보통
question 질문

rest [rest] 레스트 명 휴식

I guess we both need
some rest.
아이 게스 위 보쓰 니드 썸 레스트

우리 둘 다 휴식이 필요해요.

word guess 추측하다
both 둘 다의 / need 필요

움냐
움냐

restaurant [résterənt] 레스토랑 명 식당, 음식점

Father often took me to a
fancy restaurant.

파더 어픈 툭 미 투 어 팬시 레스토랑

아버지는 나를 자주 멋진 식당으로 데리고 가셨습니다.

word father 아버지 / fancy 환상
took take(손에 잡다)의 과거

return [ritə́:rn] 리턴 동 돌아오다, 반납하다

I'd like to return this fan.

아이드 라잌 투 리턴 디스 팬

이 선풍기를 반납하고 싶은데요.

word fan 선풍기

ribbon [ríbən] 리본 명 리본, 장식용 띠

She tacks a ribbon
onto her hat.

쉬 택스 어 리본 온투 허 햇

그녀는 모자에 리본을 꿰매 달았습니다.

word hat 모자

rice [rais] 라이스 명 쌀, 밥

The steamed rice is a little sticky.
더 스팀드 라이스 이즈 어 리틀 스틱키
밥이 조금 질어요.

word steam 김을 내다
sticky 끈적한

rich [ritʃ] 리치 형 돈 많은, 부자의

He brags of his rich father.
히 브래그즈 어브 히즈 리치 파더
그는 부자인 그의 아버지를 자랑하고 있습니다.

word brag 자랑하다
rich 부자

ride [raid] 라이드 동 타다

Could you show me how to ride a bicycle?
쿠드 유 쇼 미 하우 투 라이드 어 바이시이클
어떻게 자전거를 타야 하는지 가르쳐 주시겠습니까?

word show 보이다 / how 어떻게
bicycle 자전거

344

right [rait] 라잇트　명 오른쪽　형 오른쪽의, 옳은, 바른

This is the right way to the bus station.
디스 이즈 더 라잇트 웨이 투 더 버스 스테이션

오른쪽 길에 버스정류장이 있습니다.

word way 길
bus station 버스정류장

ring [riŋ] 링　명 반지

I just lost my favorite ring.
아이 저스트 로스트 마이 페이버릿 링

내가 좋아하는 반지를 잃어버렸어요.

word just 정확히 / lost 잃은
favorite 마음에 드는

river [rívər] 리버　명 강

The river is too wide. We can't swim across.
더 리버 이즈 투 와이드 위 캔트 스윔 어크로스

강이 너무 넓어. 우리가 헤엄쳐 건널 수는 없어요.

word wide 넓은 / swim 헤엄치다
across 가로 건너서

road [roud] 로드 **명** 길, 도로

Does this road go to Busan?

더즈 디스 로드 고 투 부산

이 길이 부산으로 가는 길입니까?

word go 가다
Busan 부산

robot [róubət] 로버트 **명** 로봇

A robot opened the door for me.

어 로버트 오픈드 더 도어 풔 미

로봇이 내게 문을 열어 주었습니다.

word open 열다
door 문

rock [rɑk] 락 **명** 바위

Can you lift this rock by yourself?

캔 유 리프트 디스 락 바이 유어셀프

당신은 혼자서 이 바위를 들 수 있나요?

word lift 들어 올리다
yourself 혼자만으로

rocket [rάkit] 로켓 명 로켓

I'm making a model **rocket**.

아임 메이킹 어 마럴 로켓

모형 로켓을 만들고 있습니다.

word making 제조
model 모형

roll [roul] 롤 동 구르다

You have to **roll** the ball.

유 해브 투 롤 더 볼

공을 굴려야 합니다.

roof [ru:f] 루프 명 지붕

I heard the rain falling on the **roof**.

하이 헐드 더 레인 폴링 온 더 루프

나는 비가 지붕에 떨어지는 소리를 들었습니다.

room [ru:m] 룸 명 방

I gave a **room** thorough cleaning.

아이 게이버 룸 쓰로 클리닝

나는 방을 완전히 청소했습니다.

word thorough 완전한
cleaning 청소

root [ru:t] 루트 명 뿌리

The **roots** of the tree spread wide.

더 루츠 어브 더 트리 스프레드 와이드

그 나무는 널리 뿌리를 뻗치고 있습니다.

word tree 나무 / spread 펴다
wide 폭넓게

rose [rouz] 로즈 명 장미

This flower has a look of **rose**.

디스 플라워 해즈 어 룩 어브 로즈

이 꽃은 장미와 비슷해요.

word flower 꽃
look 보다, 보이다

348

round [raund] 라운드 [형] 둥근, 원형의

It's as round as a dish.
잇츠 애즈 라운드 애즈 어 디쉬
접시처럼 둥글어요.

word dish 접시

ruler [rúːlər] 룰러 [명] 자

The ruler is on the desk.
더 룰러 이즈 온 더 데스크
자는 책상 위에 있습니다.

word desk 책상

run [rʌn] 런 [명] 달리기 [동] 달리다, 뛰다

I can't run any more.
아이 캔ㅌ 런 애니 모어
나는 더 이상 뛸 수 없습니다.

word any 조금도
more 더 많이

신체에 관한 영단어

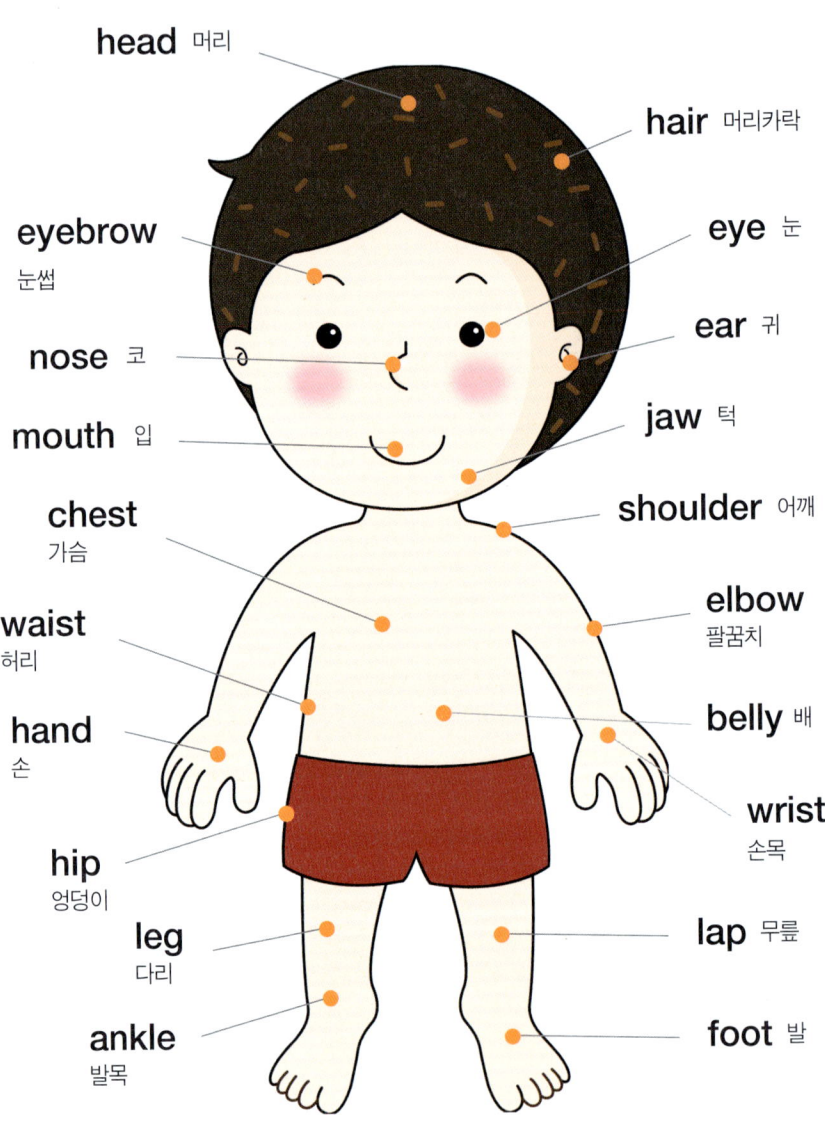

head 머리

hair 머리카락

eyebrow 눈썹

eye 눈

nose 코

ear 귀

mouth 입

jaw 턱

chest 가슴

shoulder 어깨

waist 허리

elbow 팔꿈치

hand 손

belly 배

hip 엉덩이

wrist 손목

leg 다리

lap 무릎

ankle 발목

foot 발

## 06

비교

원급, 비교급, 최상급

형용사와 부사는 어떤 사물이나 사람의 성질, 상태, 정도 등의 차이를 타나내기 위해 모양이 변하며 문장을 만들 때도 독특한 형태를 취할 수 있는데 이런 차이를 나타낼 때 사용되는 것이 비교이다. 비교할 때 쓰는 말에는 원급, 비교급, 최상급이 있으며 원급은 '~한, ~하게'의 뜻으로 형용사나 부사의 원형을 그대로 쓰는 것이고 비교급은 대상 둘을 비교하는 것으로 '~보다 더…한, ~보다 더 …하게'의 뜻을 가진다. 최상급은 셋 이상의 대상을 비교하는 것으로 그 중에서 '~가장~하게'의 뜻을 나타낸다.

Unit 1 규칙 변화형

몇 가지 이상을 서로 견주어 보는 것을 우리는 비교한다고 표현하는데 둘 이상의 것을 비교하기 위하여 형용사나 부사를 변형시키는 것을 비교급이라고 한다. 이와 같은 문장을 비교급 문장, 비교 표현이라고 한다. 비교급을 만들기 위해서는 원급에 er, 최상급을 만들기 위해서는 원급에 est를 붙인다.

1 **-er, -est형**

1음절로 된 단어의 대부분이나 2음절 단어의 일부분은 어미에 -er, -est를 붙여서 비교급과 최상급을 만든다.

원급	비교급	최상급
young	younger	youngest
small	smaller	smallest
long	longer	longest
short	shorter	shortest
fast	faster	fastest
tall	taller	tallest

● 어미가 e인 단어에는 -r, -st를 붙인다.

wide - wider - widest / large - larger - largest

● 어미가 자음 + y로 끝나면 y를 i로 고치고 -er, -est를 붙인다.

early - earlier - earliest / happy - happier - happiest

● 어미가 단모음 + 단자음으로 끝나면 자음을 겹쳐 쓰고 -er, -est를 붙인다.

hot-hotter - hottest / big - bigger - biggest / thin - thinner - thinnest

2 **2음절 단어의 일부분, 3음절 이상 단어의 대부분은 다음과 같이 비교급과 최상급을 만든다**

❶ more + 원급 = 비교급
❷ most + 원급 = 최상급

2음절로 끝나는 단어 중에서 어미가 ~ive, ~ful, ~less, ~ous, ~ing 등으로 끝나는 단어나 3음절 이상의 단어는 more, most를 붙여서 만든다.

원급	비교급	최상급
creative	more creative	most creative
useful	more useful	most useful
beautiful	more beautiful	most beautiful
famous	more famous	most famous
difficult	more difficult	most difficult

Unit 2 불규칙변화형

1 전체가 변화하는 형

비교급과 최상급이 원급과 전혀 다르게 변화하는 형태이다.

원급	비교급	최상급
good 좋은 well 만족히	better 더욱 좋은	best 가장 좋은
bad 나쁜 ill 병든	worse 더욱 나쁜	worst 가장 나쁜
many 많은 much 다량의	more 더 많은	most 가장 많은
little 적은 양의	less 더 적은	least 가장 적은

2 두 가지 형태로 변화하는 경우

원급은 하나인데 비교급과 최상급의 뜻이 두 가지로 변하는 형태이다.

원급	뜻	비교급	최상급
late 시간이나 순서가늦은	시간	later 더 늦은, 더 나중의	latest 최근의, 가장 늦은
	순서	latter 뒤쪽의, 나중의	last 최후의, 맨 마지막
old 나이나 혈연관계가 위인	나이	older 나이가 많은	oldest 나이가 가장 많은
	혈연관계	elder 손 위인	eldest 가장 손 위인
far 거리가 정도가 먼	거리	farther 보다 먼	farthest 가장 먼
	정도	further 보다 심한	furthest 가장 심한

Unit 3 최상급

비교급의 경우엔 형용사 / 부사 + er이나 more + 형용사 / 부사였다. 그러나 최상급의 경우엔 이와 조금 다르다.

형용사, 부사를 최상급으로 만들려면,

❶ the + 형용사 / 부사 + -est
❷ the most + 형용사 / 부사

Seoul is the largest city in Korea. 서울은 한국에서 가장 큰 도시이다.
Summer is the hottest season. 여름은 가장 더운 계절이다.

354

sad [sæd] 새드 형 슬픈

I have some sad news.
아이 해브 섬 새드 뉴스
슬픈 소식이 있습니다.

word some 어떤
news 소식

safe [seif] 세이프 형 안전한

I assured myself that he was safe.
아이 어슈어드 마이셀프 댓 히 워즈 세이프
그가 안전하다는 것을 확신했습니다.

word assured 확실한
myself 나 자신

same [seim] 새임 형 같은 것, 같은

I'm going in the same direction.

아임 고잉 인 더 새임 디렉션

저도 같은 방향입니다.

word going 가기
direction 방향

sand [sænd] 샌드 명 모래

She is lying on the sand.

쉬 이즈 라잉 온 더 샌드

그녀는 모래 위에 누워 있습니다.

word lying 드러누워 있는

sandwiches [sǽndwitʃ] 샌드위치 명 샌드위치

The man is eating a sandwich.

더 맨 이즈 이팅 어 샌드위치

남자가 샌드위치를 먹고 있습니다.

word man 남자
eating 먹기

sauna [sɔ́ːnə] 사우나 명 사우나

It was really hot in the **sauna**.

윗 워즈 리얼리 핫 인 더 사우나

사우나 안은 정말 뜨거웠어요.

word really 정말, 참으로
hot 뜨거운

say [sei] 세이 통 말하다

What I **say** is true.

왓 아이 세이 이즈 투르

내가 말하는 것은 정말이에요.

word true 정말의

scale [skeil] 스케얼 명 저울

The **scale** is used to weigh the crops.

더 스케얼 이즈 유즈드 투 웨잇 더 크랍스

저울은 곡물의 무게를 재는데 사용됩니다.

word weigh 무게를 달다
crop 곡물

scarf [skɑːrf] 스카프 명 스카프, 목도리

She had a scarf around her neck.
쉬 해드 어 스카프 어라운드 허 넥

그녀는 목에 스카프를 두르고 있었습니다.

word around 빙
her 그 여자의 / neck 목

school [skuːl] 스쿨 명 학교

Our school stands on a blue hill.
아워 스쿨 스탠드 온 어 블루 힐

우리 학교는 푸른 언덕 위에 있습니다.

word stand 위치하다
blue hill 푸른 언덕

science [sáiəns] 싸이언스 명 과학

I felt interested in studying science.
아이 펠트 인터레스티드 인 스터딩 싸이언스

나는 과학을 공부하는 것에 흥미를 느꼈어요.

word interested 흥미를 가지고 있는
study 공부

358

score [skɔːr] 스코어 **명** 점수, 득점

My score will be improved by gradation.
마이 스코어 윌 비 임프루브드 바이 그래데이션
나의 점수는 서서히 나아질 것입니다.

word improve 향상시키다
gradation 단계, 점차

sea [siː] 씨 **명** 바다

It's a long way from here to the sea.
잇츠 어 롱 웨이 프럼 히어 투 더 씨
여기서 바다까지는 멉니다.

word long 긴
here 여기서

season [síːzn] 씨즌 **명** 계절

These flowers bloom all season round.
디즈 플라워즈 블룸 올 시즌 라운드
이 꽃들은 사계절 내내 핍니다.

word flowers 꽃들
bloom 꽃이 피다 / round 연속

seat [siːt] 씻트 　명 자리, 좌석

She sat in the front seat.
쉬 샛 인 더 프런트 씻트

그녀는 앞좌석에 앉았습니다.

word　sat sit(앉다)의 과거 · 과거분사
　　　front seat 앞좌석

secret [síːkrit] 시크릿 　명 비밀 　형 비밀의

Your secret will be safe with me.
유어 시크릿 윌 비 세이프 워드 미

당신의 비밀은 지켜드리겠습니다.

word　safe 안전한

see [siː] 씨 　동 보다

Can I see some wear?
캔 아이 씨 썸 웨어

옷 좀 볼 수 있어요?

word　wear 옷

seed [si:d] 씨드 [명] 씨앗, 종자

A plant grows up from
a **seed**.

어 플랫트 그루우즈 업 프럼 어 씨드

식물은 씨앗에서부터 자라납니다.

word plant 식물
grow 자라다

S

sell [sel] 셀 [동] 팔다

Where do they **sell** dolls?

웨어 두 데이 셀 돌즈?

인형은 어디서 팝니까?

word sell 팔다
doll 인형

send [send] 샌드 [동] 보내다

Didn't you **send** that
fax yet?

디든트 유 샌드 댓 팩스 앳

팩스 아직 보내지 않았습니까?

word send 보내다
yet 아직

sentence [séntəns] 센텐스 명 문장, 글

He is writing a sentence
on the manuscript paper.
히 이즈 와이링 어 센텐스 온 더 메뉴스크립트 페이퍼
그는 원고지에 한 문장을 쓰고 있습니다.

word writing 쓰기 / sentence 문장
manuscript paper 원고지

service [sə́ːrvis] 써비스 명 서비스

The service is slow.
더 써비스 이즈 슬로우
서비스가 느리군요.

word slow 느린

set [set] 셋 동 놓다, 정하다

I heard a set of pipes.
아이 허드 어 샛 어브 파이프스
나는 노랫소리를 들었습니다.

word heard hear(듣다)의 과거분사
pipe 노랫소리

shall [ʃæl] 쉘 통 하겠다, 할까요

What shall I do next?
왓 쉘 아이 두 넥스트
다음번엔 어떻게 할까요?

word next 다음의

shape [ʃeip] 쉐이프 명 모양

You are in very good shape.
유 알 인 베리 굿 쉐이프
참 건강하십니다.

word very 매우
good 좋은

she [ʃiː] 쉬 대 그녀는, 그녀가

She felt high as a kite.
쉬 펠트 하이 애즈 어 카이트
그녀는 몹시 기분이 좋았습니다.

word felt feel(느끼다)의 과거 · 과거분사
high 높은 / kite 연

363

sheep [ʃiːp] 쉽 **명** 양

Some of the **sheep** have strayed.

썸 어브 더 쉽 해브 스트레이드

양 몇 마리가 길을 잃었습니다.

word stray 길을 잃은

sheet [ʃiːt] 시트 **명** 시트

She threw a **sheet** over the bed.

쉬 트로우 어 시트 오버 더 베드

그녀는 침대에 시트를 깔았습니다.

word bed 침대

ship [ʃip] 쉽 **명** 배

I see a **ship** on the horizon.

아이 씨 어 쉽 온 더 호라이즌

수평선에 배가 보입니다.

word see 보다
horizon 수평선

shirt [ʃəːrt] 셔츠 　명 셔츠

This **shirt** dries fast.
디스 셔츠 드라이즈 패스트
이 셔츠는 빨리 마릅니다.

word dry 마른
　　　 fast 빠른

shoe [ʃuː] 슈 　명 신발, 구두

The **shoe** pinches me at the heel.
더 슈 핀치즈 미 앳 더 힐
구두의 뒤꿈치 부분이 조입니다.

word pinch 끼다, 조이다
　　　 heel 뒤꿈치

shoot [ʃuːt] 슛트 　동 쏘다, 발사하다

I didn't **shoot** or catch it.
아이 디든트 슛트 오어 캐치 잇
나는 쏘거나 잡지는 않았어요.

word catch 붙들다

shop [ʃap] 샵 명 상점, 가게 동 물건을 사다

That **shop** doesn't have cake.

댓 샵 더즌트 해브 케이크

저 가게에는 케이크가 없습니다.

word cake 케이크

shopping [ʃápiŋ/ʃɔ́p-] 샤핑 명 쇼핑, 물건 사기

She is fond of **shopping**.

쉬 이즈 판드 어브 샤핑

그녀는 쇼핑하기를 좋아합니다.

word fond 좋아서

short [ʃɔːrt] 쇼트 형 짧은, (키가) 작은

She is **short** and a little plump.

쉬 이즈 쇼트 앤 어 리틀 플럼

그녀는 키가 작고 약간 통통합니다.

word plump 살이 잘 찐

shoulder [ʃóuldər] 숄더 명 어깨

He slung the bag over his **shoulder**.

히 슬렁 더 백 오버 히즈 숄더

그가 가방을 어깨에 걸쳐 멨다.

word slung sling(멜빵)의 과거 · 과거 분사
bag 가방

S

shout [ʃaut] 샤우트 동 외치다, 소리치다

She gave a **shout** of joy.

쉬 게이브 어 샤우트 어브 조이

그녀는 기뻐서 외쳤어요.

word joy 기쁨

show [ʃou] 쇼 명 쇼, 전시회 동 보여주다

Show me another one, please.

쇼 미 언어덜 원 플리즈

다른 것을 좀 보여주세요.

word another 다른 하나의

shower [ʃáuər] 샤워 명 샤워

I just took a **shower** this morning.

아이 저스트 툭 어 샤워 디스 모닝

나는 오늘 아침에 샤워를 했습니다.

word just 정확히
morning 아침

shut [ʃʌt] 샤트 동 닫다, 잠그다

He told me to **shut** my mouth.

히 톨드 미 투 샤트 마이 마우스

그는 내게 입을 다물라고 말했습니다.

word mouth 입

sick [sik] 씩 형 병든, 아픈

Doctors take care of **sick** people.

닥터스 테이크 케어 어브 씩 피플

의사는 아픈 사람을 돌봅니다.

word doctor 의사 / care 돌봄
people 사람들

368

side [said] 사이드 명 옆, 측면, 쪽

A tower leans on one side.

어 타워 린즈 온 원 사이드

탑이 한쪽으로 비스듬해요.

word tower 탑
      lean 기대다, 의지하다

sight [sait] 사이트 명 시력

My sight has become poor recently.

마이 사이트 해즈 비컴 푸어 리센틀리

최근 눈이 나빠졌습니다.

word poor 건강치 못한
      recently 최근

sign [sain] 사인 동 서명하다

Would you sign here?

우드 유 사인 히어

여기에 서명을 해주시겠습니까?

word here 여기에

silver [sílvər] 실버 명 은 형 은색의

This is a **silver** ring.
디스 이즈 어 실버 링
이것은 은으로 만든 반지입니다.

word ring 반지

sing [siŋ] 씽 동 노래하다

Will you **sing** me a song?
윌 유 씽 미 어 송
당신이 내게 노래를 불러주시겠습니까?

word song 노래

single [síŋgl] 싱글 형 혼자의, 단 하나의

I am **single**.
아이 앰 싱글
나는 미혼입니다.

sir [sər] 써 명 님, 귀하, 선생님(남성에 대한 경칭)

No, I'm sorry, sir.
노 아이 앰 쏘리 써
아닙니다. 죄송합니다.

sister [sístər] 시스터 명 여동생, 누나, 언니

The diary was written by my sister.
더 다이어리 워즈 위든 바이 마이 시스터
그 일기는 내 여동생이 썼습니다.

word diary 일기
written 문자로 쓴

sit [sit] 싯 동 앉다

Can I sit here?
캔 아이 싯 히어
여기 앉아도 됩니까?

word here 여기

S

size [saiz] 사이즈　**명** 크기, 치수

What size do you wear?
왓 사이즈 두 유 웨어
몇 사이즈의 옷을 입으십니까?

word wear 옷

skate [skeit] 스케이트　**명** 스케이트　**동** 스케이트를 타다

It is fun skating on the ice.
잇 이즈 펀 스케이팅 온 디 아이스
빙판에서 스케이트 타는 것은 재미있어요.

word fun 놀이
ice 빙판

ski [skiː] 스키　**명** 스키　**동** 스키를 타다

My family's going on a ski vacation.
마이 패밀리즈 고잉 온 어 스키 버케이션
저희 가족은 스키 휴가를 떠날 예정입니다.

word family 가족 / going 가기
vacation 휴가

skirt [skəːrt] 스커트 명 치마, 스커트

She shortened the skirt by an inch.
쉬 쇼든 더 스커트 바이 언 인치
그녀는 스커트를 1인치 줄였습니다.

word shorten 짧게 하다
inch 인치

sky [skai] 스카이 명 하늘

The sky is blue and high.
더 스카이 이즈 블루 앤 하이
하늘은 푸르고 높아요.

word blue 푸른
high 높은

sleep [sliːp] 슬립 명 잠 동 잠을 자다

I had a sound sleep last night.
아이 해드 어 사운드 슬립 라스트 나잇
나는 어젯밤에 잠을 푹 잤습니다.

word sound 소리 / sleep 잠자다
last night 어젯밤

slide [slaid] 슬라이드 　명 미끄럼 　동 미끄러지다

She is sitting on the slide.
쉬 이즈 싯팅 온 더 슬라이드

그녀는 미끄럼틀 위에 앉아 있어요.

word sitting 앉음

slipper [slípər] 슬리퍼 　명 실내화

He bought her a pair of slippers.
히 바덜 허 어 페어 어브 슬리퍼스

그는 그녀에게 슬리퍼 한 켤레를 사주었습니다.

word bought buy(사다)의 과거 · 과거분사
　　　pair 한 쌍

slow [slou] 슬로우 　형 느린

A tortoise is too slow and lazy.
어 토딜이즈 투 슬로우 앤 레이지

거북이는 너무 느리고 게을러요.

word tortoise 거북
　　　lazy 게으른

small [smɔːl] 스몰 형작은

It looks too small for me.
잇 룩스 투 스몰 퍼 미

이건 저한테 너무 작아 보이네요.

word look 보다

too 너무

smell [smel] 스멜 명냄새 동냄새나다

What do you smell?
왓 두 유 스멜

무슨 냄새를 맡습니까?

smile [smail] 스마일 명미소 동미소를 짓다

She smiled a smile and ran away.
쉬 스마일드 어 스마일 앤 렌 어웨이

그녀는 미소를 짓고 사라졌습니다.

word ran run(달리다)의 과거

away 멀리, 저쪽으로

smoke [smouk] 스모크 명 연기

I wonder why there is
smoke rising up.

아이 원더 와이 데어 이즈 스모크 라이징 업

나는 왜 그곳에서 연기가 나는지 궁금합니다.

word wonder 의아하게 여기다
rising 오르는

snake [sneik] 스네이크 명 뱀

A **snake** crawled out of
the hole.

어 스네이크 크로우드 아웃 어브 더 홀

뱀이 구멍에서 기어나왔습니다.

word crawl 기다
out 밖에 / hole 구멍

snow [snou] 스노우 명 눈 동 눈이 내리다

Snow lay thick on the
ground.

스노우 레이 씩 온 더 그라운드

많은 눈이 쌓여 있습니다.

word lay 쌓이다 / thick 두꺼운
ground 땅

376

so [sou] 쏘 부 그렇게, 매우

I enjoyed this book so much.
아이 인조이드 디스 북 쏘 머취
이 책 아주 재미있었어요.

word enjoy 즐기다, 재미보다
much 많이

S

soap [soup] 쏘프 명 비누

The soap in the bathroom is almost used up.
더 쏘프 인 더 바쓰룸 이즈 올모스트 유즈드 업
욕실에 있는 비누는 거의 다 썼습니다.

soccer [sákər] 사커 명 축구

Soccer is one of the most popular sports.
사커 이즈 원 어브 더 모스트 파플러 스포츠
축구는 가장 인기 있는 운동 중 하나이지요.

word most 가장 큰, 최대의
popular 대중적인 / sport 운동

sock [sɑk] 삭 　명 양말

Here's some clean socks.
히어즈 썸 클린 삭스

여기 깨끗한 양말이 있어요.

word clean 깨끗한

sofa [sóufə] 소파 　명 소파

How much does this sofa cost?
하우 머치 더즈 디스 소파 코스트

이 소파는 얼마입니까?

word cost 가격

soft [sɔːft] 소프트 　형 부드러운, 조용한

I love music which is soft.
아이 러브 뮤직 위치 이즈 소프트

나는 감미로운 음악을 좋아해요.

word love 좋아함
　　　music 음악

378

soldier [sóuldʒər] 솔져 명 군인

My father brought me up into a **soldier**.

마이 파더 브라트 미 업 인투 어 솔져

아버지는 나를 군인으로 키우셨습니다.

some [sʌm] 썸 형 약간, 어떤

I speak **some** English.

아이 스피크 썸 잉글리쉬

영어를 조금 할 줄 압니다.

word speak 말하다
some 조금, 다소의

son [sʌn] 선 명 아들

My **son** went with it.

마이 선 원트 위드잇

나의 아들은 기어이 해내고 말았습니다.

S

song [sɔːŋ] 송 **명** 노래

Have you ever seen him
sing?

해브 유 에버 씬 힘 씽

그가 노래하는 것을 본 적이 있습니까?

word ever 이제까지

seen see(보다)의 과거분사

soon [suːn] 순 **부** 곧, 머지않아

We shall soon have the
summer holidays.

위 쉘 순 해브 더 썸머 홀리데이즈

곧 여름방학이 됩니다.

word shall 하게 되다

summer holiday 여름방학

sorry [sári] 쏘리 **형** 미안한, 죄송한

I am sorry to trouble you.

아이 앰 쏘리 투 트러블 유

걱정을 드려 죄송합니다.

word trouble 걱정

sound [saund] 사운드 명 소리

The **sound** of an ambulance woke her up.

더 사운드 어브 언 앰블런스 워크 허 업

그녀는 앰블런스 소리에 깼습니다.

word ambulance 앰블런스
woke wake(잠깨다)의 과거 · 과거분사

S

soup [suːp] 스프 명 수프

What kind of **soup** is it?

왓 카인드 어브 스프 이즈 잇

무슨 스프가 이렇죠?

word kind 종류, 성질

south [sauθ] 사우스 명 남쪽

Which way is the **south** exit?

위치 웨이 이즈 더 사우스 엑셋

남쪽 출구는 어느 쪽입니까?

word which 어느 쪽
exit 출구

space [speis] 스페이스 명 우주, 공간, 틈

I feel glad to be alive
during the space age.
아이 필 글래드 투 비 얼라이브 두어링 더 스페이스 에이쥐
난 우주 시대에 살아 있다는 것이 아주 기뻐요.

word feel 감동하다 / glad 기쁜
alive 살아 있는 / during 동안

speak [spiːk] 스피크 동 말하다

Please speak slowly.
플리즈 스피크 슬로울리
천천히 좀 말씀해 주십시오.

word slowly 천천히

speaker [spíːkər] 스피커 명 스피커, 확성기

The voice boomed over
the loud-speaker.
더 보이스 붐드 오버 더 라우드 스피커
확성기를 통해 목소리가 울렸습니다.

word voice 목소리
boom 울리는 소리

special [spéʃəl] 스페셜 형 특별한

What's today's special?
왓츠 투데이즈 스페셜
오늘의 특별요리는 무엇입니까?

word today 오늘

S

speed [spiːd] 스피드 명 속도, 속력

Pick up your speed.
픽 업 유어 스피드
속력을 내시오

spell [spel] 스펠 동 철자를 쓰다

Will you spell out your name for me?
월 유 스펠 아웃 유어 네임 퍼 미
성함의 철자를 말씀해 주시겠습니까?

word name 이름

spend [spend] 스팬드 동 (돈, 시간을)쓰다, 소비하다

I **spend** every Saturday playing soccer.
아이 스팬드 에브리 쎄러데이 플레잉 사커
나는 매주 토요일을 축구로 보냅니다.

word every 매 / Saturday 토요일
play 놀다 / soccer 축구

spoon [spuːn] 스푼 명 숟가락

The man is eating with a **spoon**.
더 맨 이즈 이링 위드 어 스푼
남자가 스푼으로 먹고 있습니다.

word eating 먹기

sport [spɔːrt] 스포츠 명 운동

I enjoy playing **sports**.
아이 인조이 플레잉 스포츠
나는 운동하는 것을 즐깁니다.

word enjoy 즐기다

spring [spriŋ] 스프링 명 봄

I have a preference for **spring**.

아이 해브 어 프리포런스 풔 스프링

나는 봄을 더 좋아합니다.

word preference 더 좋아함

square [skwɛər] 스퀘어 명 정사각형, 광장

The angle of **square** are all right angles.

디 앵글 어브 스퀘어 알 올 라잇 앵글

사각형의 각도는 모두 직각입니다.

word angle 각도 / square 정사각형
all 모두 / right 직각의

stadium [stéidiəm] 스테디엄 명 경기장

We will play football in this **stadium**.

위 윌 플레이 풋볼 인 디스 스테디엄

우리는 이 경기장에서 축구를 할 것입니다.

word football 축구

stage [steidʒ] 스테이지 명 무대, 단계

She is dancing on
the **stage**.
쉬 이즈 댄싱 온 더 스테이지
그녀가 무대에서 춤을 추고 있습니다.

word dancing 춤

stair [stɛər] 스테어 명 계단

This **stair** will take you
to an exit.
디스 스테어 윌 테이크 유 투 언 이그젯
이 계단을 통해서 출구로 나갈 수 있습니다.

word exit 출구

stamp [stæmp] 스탬프 명 스탬프, 도장

There's a **stamp** on the
counter.
데어즈 어 스탬프 온 더 카운터
카운터에 도장이 있어요.

word counter 카운터, 계산대

stand [stænd] 스탠드 동 일어서다, 위치하다

He is trying to **stand** up.
히 이즈 트라잉 투 스탠드 업
그는 일어서려고 합니다.

word trying 견디기 어려운, 고된

s

star [staːr] 스타 명 별, 인기인, 유명인사

I saw the **star** fall.
아이 쏘 더 스타 폴
나는 별이 떨어지는 것을 보았습니다.

word saw see(보다)의 과거
fall 떨어지다

start [staːrt] 스타트 동 출발하다, 떠나다, 시작하다

Where does the tour **start**?
웨어 더즈 더 투어 스타트
어디서 출발합니까?

word tour 한 바퀴 돌기

station [stéiʃən] 스테이션 명 역, 정거장

What station did you get off at?
왓 스테이션 디드 유 겟 어프 앳

당신은 어느 역에서 내렸습니까?

word get 시간에 대다, 타다
at ~ 에서

stay [stei] 스테이 동 남다, 머무르다

If it rains tomorrow, I'll stay home.
이프 잇 레인즈 투머러 아이윌 스테이 홈

내일 비가 오면 집에 있을 것입니다.

word rain 비
tomorrow 내일 / home 집

steam [sti:m] 스팀 명 증기, 스팀

This ship is powered by steam.
디스 쉽 이즈 파워드 바이 스팀

이 배는 증기로 힘을 얻습니다.

word ship 배
power 힘

step [step] 스텝 명 걸음, 스텝

Step on it, please.
스텝 온 잇 플리즈
좀 빨리 갑시다.

우아하게
걷자

stewardess [stjúːərdis] 스튜어디스 명 스튜어디스

She is a **stewardess** with international Air.
쉬 이즈 어 스튜어디스 위드 인터네이션 에어
그녀는 국제항공의 스튜어디스입니다.

(word) International Air 국제항공

stick [stik] 스틱 명 막대기

I cut the **stick** short.
아이 컷 더 스틱 쇼트
나는 그 막대기를 짧게 잘랐습니다.

(word) cut 자르다
short 짧은

S

stone [stoun] 스톤 명 돌

He weighed a stone in his hand.

히 웨잇드 어 스톤 인 히즈 핸드

그는 손으로 돌의 무게를 가늠하였습니다.

word weigh 무게를 달다
hand 손

stop [stɑp] 스탑 동 멈추다, 서다

Does this bus stop at the zoo?

더즈 디스 버스 스탑 앳 더 쥬

이 버스가 동물원에 섭니까?

word zoo 동물원

store [stɔːr] 스토어 명 가게, 상점

Is this store open?

이즈 디스 스토어 오픈

이 가게가 영업 중입니까?

word open 열다

storm [stɔːrm] 스톰 명 폭풍우

Predict that a **storm** is coming.
프리댁트 댓 어 스톰 이즈 커밍
폭풍우가 올 것을 예보하고 있습니다.

`word` predict 예보하다
coming 오는

story [stɔ́ːri] 스토리 명 이야기

He cooked up a **story**.
히 쿡트 업 어 스토리
그는 이야기를 꾸며냈습니다.

`word` cook 조작하다, 꾸며내다

stove [stouv] 스토브 명 난로, 화덕

Did you turn off the **stove**?
디드 유 턴 어프 더 스토브
난로를 다 껐나요?

`word` turn 끄다

391

straight [streit] 스트레이트 형 곧은, 똑바른

Will you go straight home?

월 유 고 스트레이트 홈

당신은 집으로 곧장 갈 겁니까?

word home 집

strange [streindʒ] 스트레인지 형 이상한

When I call, I hear strange noises.

웬 아이 콜 아이 히어 스트레인지 노이지즈

전화할 때 이상한 소음이 들려요.

word hear 들리다
noise 소리

strawberry [strɔ́:bèri] 스트로베리 명 딸기

Strawberries are out on the market.

스트로베리즈 알 아웃 온 더 마켓

딸기가 시장에 나왔습니다.

word market 시장

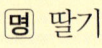

392

street [striːt] 스트리트 명 거리, 길

This **street** is noisy.
디스 스트리트 이즈 노이지
이 거리는 시끄럽습니다.

word noisy 시끄러운

strike [straik] 스트라이크 동 치다, 때리다

She **struck** him with her hand.
쉬 스트럭 힘 위드 허 핸드
그녀는 그를 손으로 때렸습니다.

word struck strike(때리다)의 과거 · 과거분사

strong [strɔːŋ] 스트롱 형 힘센, 강한, 단단한

There's **strong** winds.
데어즈 스트롱 윈스
바람이 강하게 부는군요.

word wind 바람

student [stjú:dnt] 스튜어던츠 명 학생

The student was sent to the principal.
더 스튜어던츠 워즈 샌트 투 더 프린스퍼
그 학생은 교장선생님께 불려갔습니다.

word sent send(보내다)의 과거 · 과거분사
principal 교장

study [stʌ́di] 스터디 명 공부 동 공부하다

What did you study in school?
왓 디드유 스터디 인 스쿨
학교에서 무엇을 공부했습니까?

word what 무엇
school 학교

stupid [stjú:pid] 스튜핏 형 어리석은, 바보 같은

Stop saying that stupid story.
스탑 세잉 댓 스튜핏 스토리
그런 어리석은 이야기는 그만 하세요.

word stop 멈추다 / saying 말하기
story 이야기

394

subway [sʌ́bwèi] 서브웨이 **명** 지하철

Can I find a subway nearby here?
캔 아이 파인드 어 서브웨이 니얼바이 히어
이 근처에서 지하철을 탈 수 있습니까?

word find 찾아내다
nearby 가까운 / here 여기에

success [səksés] 석세스 **명** 성공

I envy him and his success.
아이 앤비 힘 앤 히즈 석세스
나는 그의 성공이 부러워요.

word envy 부러움

sugar [ʃúgər] 슈거 **명** 설탕

Do you take sugar?
두 유 테이크 슈거
설탕을 넣으시겠습니까?

word take 타다, 넣다

suit [suːt] 수트 명 양복, 정장

The suit is well tailored.
더 수트 이즈 웰 테일러드
이 양복은 잘 지었습니다.

word well 잘, 만족히
tailor 재단사

summer [sʌ́mər] 썸머 명 여름

Summer is waning.
썸머 이즈 웨이닝
여름이 끝나고 있습니다.

word wane 끝이 가까워지다

sun [sʌn] 썬 명 태양, 해

The sun has climbed the sky.
더 썬 해즈 클라임드 더 스카이
태양이 하늘로 떠올랐습니다.

word climb 오르다
sky 하늘

396

supermarket [súːpərmàːrkit] 수퍼마켓 명 슈퍼마켓

I saw her in the **supermarket**.

아이 쏘 허 인 더 수퍼마켓

나는 그녀를 우연히 슈퍼마켓에서 만났습니다.

word her 그 여자를
saw see(만나다)의 과거

S

supper [sʌ́pər] 사퍼 명 만찬, 저녁식사

I've just finished **supper**.

아이브 저스트 피니쉬드 사퍼

나는 지금 막 저녁식사를 끝냈습니다.

word just 이제 방금
finished 끝낸

sure [ʃuər] 슈어 형 확신하는

I **sure** had a great weekend!

아이 슈어 해드 어 그레이트 위캔드

나 주말에 너무 좋았어요!

surprise [sərpráiz] 서프라이즈 명 놀람 동 놀라다

He gave an exclamation of surprise.
히 게이브 언 익스크럼에이션 어브 서프라이즈
그가 놀라서 감탄사를 내뱉었어요.

word exclamation 감탄의 말

survive [sərváiv] 서바이브 동 살아남다

I will survive sure as I am alive.
히 윌 서바이브 슈어 애즈 아이 엠 얼라이브
나는 반드시 살아남을 것입니다.

word sure 확신하고 있는 / alive 살아 있는

swallow [swálou] 스왈로 명 제비

The return of swallows ushered in spring.
더 리턴 어브 스왈로즈 어셜드 인 스프링
제비가 돌아와 봄이 왔음을 알렸지요.

word return 돌아오다
usher 알리다 / spring 봄

sweater [swétər] 스웨러 **명** 스웨터

My **sweater** has an
intricate design.
마이 스웨러 해즈 언 인뒤리켓 디자인
내 스웨터는 디자인이 복잡해요.

word intricate 복잡한
design 디자인

sweet [swi:t] 스위트 **형** 달콤한, 감미로운

I have a **sweet** eat.
아이 해브 어 스잇 잇
나는 달콤한 것을 잘 먹습니다.

word eat 먹다

swim [swim] 스윔 **동** 헤엄치다, 수영하다

You should **swim** in
shallow water.
유 슈드 스윔 인 샬로우 워러
물이 얕은 곳에서 헤엄치세요.

word shallow 얕은
water 물

swing [swiŋ] 스윙 명 그네 동 흔들리다

She likes to swing on the swing.
쉬 라이크스 투 스윙 온 더 스윙
그녀는 그네 타기를 좋아해요.

word like 좋아하다

switch [switʃ] 스위치 명 스위치 동 바꾸다

Where is the switch?
웨어 이즈 더 스위치
스위치가 어디 있습니까?

word where 어디에

symbol [símbəl] 심볼 명 상징

A lily is the symbol of purity.
어 릴리 이즈 더 심볼 어브 퓨어리
백합은 순결의 상징입니다.

word lily 백합
purity 깨끗함, 순수

sunflower	**sand**	**surfing**	**sea**	**sun**	**snadal**
해바라기	모래	서핑	바다	해	샌들

exercise **S** 위의 단어를 보고 괄호 안에 들어갈 알맞은 단어를 줄로 이으세요.

❶ sunflowers •   • The sun has climbed the (   ).
　　　　　　　　　　　태양이 하늘로 떠올랐습니다.

❷ sandal •   • It's a long way from here to the (   ).
　　　　　　　　　여기서 바다까지는 멉니다.

❸ surfing •   • She are lying on the (   ).
　　　　　　　　　그녀는 모래 위에 누워 있습니다.

❹ sky •   • She was adjusting her (   ).
　　　　　　　그녀는 샌들 끈을 조정하고 있었습니다.

❺ sand •   • Our (   ) grew taller than the corn.
　　　　　　　우리 집 해바라기가 옥수수보다 더 크게 자랐어요.

❻ sea •   • People are (   ) in the ocean.
　　　　　　사람들이 바다에서 서핑을 즐기고 있습니다.

table [téibl] 테이블 명 식탁, 테이블

The food is on the table.
더 푸드 이즈 온 더 테이블
음식이 식탁에 있습니다.
(word) food 음식

take [teik] 테이크 동 손에 잡다, 가지고 가다

I'll take this one.
아이 윌 테이크 디스 원
제가 이것을 갖겠습니다.

takeoff [téikɔ̀(ː)f] 테이크어프 **명**이륙, 출발, 발진

Please fasten your seat belts for takeoff.

플리즈 패스턴 유어 씻 벨트 풔 테이크어프

이륙 시 안전띠를 반드시 착용해 주시기 바랍니다.

word fasten 붙들어 매다
seat 좌석 / belt 띠

talk [tɔːk] 토크 **동**말하다, 이야기하다

Let's talk about something else.

렛츠 토크 어바웃 썸씽 엘스

그 외에 다른 이야기를 합시다.

word something 무언가
else 그 외에

tall [tɔːl] 톨 **형**키가 큰

I like a girl who is tall and pretty.

아이 라이크 어 걸 후 이즈 톨 앤 프리티

나는 키가 크고 예쁜 여자를 좋아합니다.

word like 좋아하다
pretty 예쁜

403

tape [teip] 테이프 **명** 테이프

What's the price of this **tape**?

왓츠 더 프라이스 어브 디스 테이프

이 테이프는 얼마예요?

word price 가격

taste [teist] 테이스트 **명** 맛 **동** 맛보다, 먹어보다

You're welcome to **taste** that.

유어 웰컴 투 테이스트 댓

그걸 맛보셔도 좋습니다.

word welcome 환영

taxi [tǽksi] 택시 **명** 택시

It's quicker by **taxi**.

잇츠 퀵커 바이 택시

택시로 가는 게 훨씬 빠릅니다.

word quick 빠른

404

tea [tiː] 티 **명** 차, 홍차

How do you like this tea?
하우 두 유 라이크 디스 티
차 맛이 어떻습니까?

teach [tiːtʃ] 티치 **동** 가르치다

They teach Chinese at that school.
데이 티치 차이니즈 앳 댓 스쿨
저 학교에서 중국어를 가르칩니다.

word Chinese 중국어
school 학교

teacher [tíːtʃər] 티쳐 **명** 선생님, 교사

You'll make a good teacher.
유윌 메이크 어 굿 티쳐
당신은 좋은 선생님이 될 것 같습니다.

word make 될 것 같다
good 좋은

team [ti:m] 팀 명 팀, 조

Which team do you support?

위치 팀 두 유 서포트

어떤 팀을 응원하고 있습니까?

word support 응원, 지지

tear [tiər] 티어 명 눈물

Tears were spilling from her eyes.

티어스 위 스필링 프럼 허 아이즈

그녀의 눈에서 눈물이 흐르고 있었습니다.

word spill 흐르다
eye 눈

telephone [téləfòun] 텔로폰 명 전화

Please don't forget to telephone him.

플리즈 돈ㅌ 포겟 투 텔로폰 힘

잊지 말고 그에게 전화를 하십시오.

word forget 잊다

telescope [téləskòup] 텔러스콥 **명** 망원경

The **telescope** is inclinable on all sides.
더 텔러스콤 이즈 인클라인에비블 온 올 사이드스
그 망원경은 어떤 방향으로든 기울일 수 있어요.

word inclinable 하고 싶어 하는
side 쪽

television [télvìʒən] 텔레비젼 **명** 텔레비전

The story is all over **television**.
더 스토리 이즈 올 오버 텔레비젼
텔레비전은 온통 그 얘기뿐이야.

word story 이야기
all 전부

tell [tel] 텔 **동** 말하다, 이야기하다

Could you **tell** me about your family?
쿠드 유 텔 미 어바웃 유어 패밀리
당신의 가족에 대해서 말씀해 주시겠습니까?

word about ~에 대하여
family 가족

temple [témpl] 탬플 명 사원, 신전

The temple sits among
the pine trees.
더 템플 싯츠 어몽 더 파인 트리스
그 절은 소나무 숲 속에 있습니다.

word among 가운데에
pine tree 소나무

tennis [ténis] 테니스 명 정구, 테니스

Would you play tennis
with me?
우드 유 플레이 테니스 위드 미
나와 테니스를 치겠습니까?

word play 놀이

tent [tent] 텐트 명 텐트, 천막

Now, we are in the
tent to sleep.
나우 위 알 인 더 텐트 투 슬립
이제 우리는 텐트 안에서 자려고 해요.

word sleep 잠자다

408

test [test] 테스트 **명** 테스트, 시험

I passed the test.
아이 패스트 더 테스트
나는 시험에 붙었습니다.

word passed
pass (지나다, 통과하다)의 과거 · 과거분사

than [ðæn] 댄 **접** ~보다(는)

It will be slower than normal.
잇 윌 비 슬로우어 댄 노멀
평소보다 느릴 겁니다.

word slow 느린
normal 평소의, 보통의

thank [θæŋk] 쌩크 **동** 고맙다고 하다

Thank you for the compliment.
쌩크 유 퍼 너 컴포먼트
칭찬해 주셔서 감사합니다.

word compliment 칭찬

T

that [ðæt] 댓 　대 저것, 그것

That is for sale.
댓 이즈 퍼 세일
저것은 판매를 위한 것입니다.

word sale 판매

the [ðə] 더 　관 그, 저

The news spread fast.
더 뉴스 스프레드 패스트
그 소식은 빠르게 퍼졌습니다.

word news 소식
spread 퍼지다
fast 빠른

then [ðen] 댄 　부 그때, 그 다음에

What were you doing
then?
왓 워 유 두잉 댄
당신은 그때 무엇을 하고 있었습니까?

word doing 함
then 그 때

410

there [ðɛəːr] 데어 부 그 곳에, 거기에

There used to be a big tree there.

데어 유스트 투 비 어 빅 트리 데어

거기에는 본래 큰 나무가 있었습니다.

word used 본래는 / big 큰
tree 나무

they [ðei] 데이 대 그들, 그것들

They are a perfect couple.

데이 알 어 퍼팩트 커플

그들은 완벽한 커플입니다.

word perfect 완벽한
couple 커플, 한 쌍

thick [θik] 식 형 두꺼운

The ice lay **thick** upon the glacier.

더 아이스 레이 식 업폰 더 글래이서

빙하에는 얼음이 두껍게 쌓여 있었습니다.

word ice 얼음 / lay 두다, 있다
glacier 빙하

T

thin [θin] 씬 　형 얇은, 가느다란, 마른

The trees look **thin** with most of their leaves fallen.

더 트리스 룩 씬 위드 모스트 어브 데어 리브즈 폴런

잎이 떨어진 나무가 앙상하다

word tree 나무 / look 보다 / most 대개의
leaves leaf(잎)의 복수 / fallen 떨어진

thing [θiŋ] 씽 　명 물건, 것

Such a **thing** must be put to an end .

서치 어 씽 머스트 비 풋 투 언 앤드

그러한 것은 끝나야 합니다.

word such 그러한
must 해야 한다 / end 끝

think [θiŋk] 씽크 　동 생각하다

You **think** only about yourself.

유 씽크 온니 어바웃 유어셀프

당신 자신만 생각하시는군요.

word only 오직 / about 대하여
yourself 당신 자신을

412

thirsty [θə́:rsti] 설스티 〔형〕목마른

I'm very **thirsty**.
아이앰 베리 설스티
나는 아주 목이 마릅니다.

`word` very 아주

this [ðis] 디스 〔대〕이것

This is what I dislike most.
디스 이즈 왓 아이 디스라이크 모스트
이것은 내가 가장 싫어하는 것입니다.

`word` dislike 싫어하다
　　　 most 가장 큰

thousand [θáuzənd] 싸우전드 〔명〕천(1,000) 〔형〕천의

My note cost
thousand won.
마이 노트 코스트 싸우전드 원
내 노트의 가격은 천 원입니다.

`word` cost 가격

T

through [θru:] 쓰루우 전 꿰뚫어, 통과하여

She got into the house **through** the windows.
쉬 갓 인투 더 하우스 쓰루우 더 윈도우즈
그녀는 창문을 통해 집 안으로 들어갔습니다.

word house 집 / through 통하여
windows 창문

throw [θrou] 쓰로우 동 던지다, 내던지다

Don't **throw** stones at my dog.
돈ㅌ 쓰로우 스톤즈 앳 마이 도그
우리 개에게 돌을 던지지 마세요.

word stone 돌
dog 개

thumb [θʌm] 썸 명 엄지손가락

He had one **thumb** in his mouth.
히 해드 원 썸 인 히즈 마우스
그는 엄지손가락을 입에 넣고 있었습니다.

word mouth 입

ticket [tíkit] 티켓 **명** 표, 티켓

Where can I buy a ticket?
웨어 캔 아 바이 어 티켓

어디에서 표를 살 수 있습니까?

word buy 사다
ticket 표, 티켓

tie [tai] 타이 **명** 넥타이 **동** 묶다, 매다

Where can I get ties?
웨어 캔 아이 겟 타이즈

넥타이는 어디서 팝니까?

tiger [táigər] 타이거 **명** 호랑이

A tiger is crawling around a prey.
어 타이거 이즈 크러링 어라운드 어 프레이

호랑이가 먹이를 찾아 기어 다니고 있습니다.

word crawl 네 발로 기다
around 주위에 / prey 먹이

till [til] 틸 전 까지

Let's wait till the rain stops.
렛츠 웨이트 틸 더 레인 스탑스

비가 그칠 때까지 기다립시다.

word wait 기다리다
rain 비
stop 멈추다

time [taim] 타임 명 시간

He spends his time reading.
히 스펜즈 히즈 타임 리딩

그는 독서를 하면서 시간을 보냅니다.

word spend 쓰다, 소비하다
reading 독서, 읽기

tired [taiərd] 타이얼드 형 피곤한, 질린, 싫증난

I am too tired to study.
아이 앰 투 타이얼드 투 스터디

너무 피곤해서 공부를 못 하겠어요.

word study 공부

416

to [tu:] 투 전 ~에게

He is loyal **to** his master.
히 이즈 로얄 투 히즈 매스터
그는 주인에게 충성을 다합니다.

word loyal 충성스러운
master 주인

toast [toust] 토스트 명 토스트

Would you like butter on your **toast**?
우드 유 라이크 버러 온 유어 토스트
토스트에 버터를 바르시겠어요?

word butter 버터

today [tədéi] 투데이 명 오늘

What day is it **today**?
왓 데이 이즈 잇 투데이
오늘은 무슨 요일입니까?

T

toe [tou] 토우 명 발가락

Ouch! You trod on my toe.
아우치 유 트로드 온 마이 토우

아얏! 네가 내 발을 밟았어!

word trod tread (밟다)의 과거 과거분사

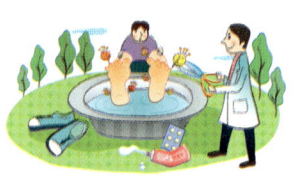

together [təgéðər] 투게더 부 함께, 같이

Shall we get together and go camping?
쉘 위 겟 투게더 앤 고 캠핑

이번에 다함께 캠프를 가지 않을래요?

word camping 천막생활, 캠프

toilet [tɔ́ilit] 토일렛 명 화장실

Where can I find the toilet?
웨어 캔 아이 파인더 토일렛

화장실이 어디 있지요?

word find 찾다

tomato [təméitou] 토메이로 명 토마토

I like **tomato** juice.
아이 라이크 토메이로 주스
나는 토마토 주스를 좋아합니다.

tomorrow [təmɔ́:rou] 투마러 명 내일

I'm relieved that **tomorrow** is a holiday.
아임 릴리이브드 댓 투마러 이즈 어 홀리데이
내일은 휴일이라 편합니다.

word relieve (긴장 따위를) 풀게 하다
holiday 휴일

tonight [tənáit] 투나잇 명 오늘 밤

Do you want to eat pizza **tonight**?
두 유 원투 잇 피자 투나잇
오늘 저녁에 피자를 먹고 싶어요?

word eat 먹다

T

419

too [tu:] 투 **부** 또한, 너무, 지나치게

It's too far to walk.
잇츠 투 파 투 워크
걷기에는 너무 먼 거리입니다.

word walk 걷다

tooth [tu:θ] 투스 **명** 이, 치아

I have a toothache.
아이 해브 어 투스에이크
나는 치통이 있습니다.

toothbrush [túːθbrʌʃ] 투스브러쉬 **명** 칫솔

We brush our teeth with a toothbrush.
위 브러쉬 아워 티스 위드 어 투스브러쉬
우리는 칫솔로 이를 닦습니다.

word tooth 이

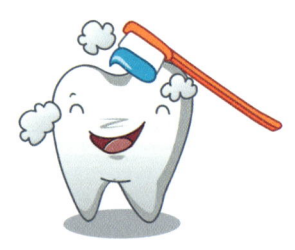

top [tɑp] 탑 **명** 최고

I graduated at the **top** of my school.

아이 글래쥬에잇티드 앳 더 탑 어브 마이 스쿠울

전 학교에서 거의 수석으로 졸업했어요.

word graduated 등급이 있는
near 가까이 / school 학교

touch [tʌtʃ] 터치 **동** 만지다

Can I **touch** it?

캔 아이 터치 잇

만져볼 수 있습니까?

towel [tʌtʃ] 타월 **명** 타월, 세수수건

Please dry yourself with this **towel**.

플리즈 드라이 유어셀프 위드 디스 타월

이 수건으로 물을 닦으세요.

word dry 마른, 물기가 없는
yourself 당신 자신을

421

town [taun] 타운 명 작은 도시

He is a newcomer in this **town**.

히 이즈 어 뉴커머 인 디스 타운

그는 방금 작은 도시에 도착했습니다.

word newcomer 새로 온 사람

toy [tɔi] 토이 명 장난감

Each **toy** is a different color.

이치 토이 이즈 어 디퍼런트 칼라

장난감 색깔이 모두 달라요.

word each 각각
different 다른 / color 색

train [trein] 트레인 명 기차

The **train** is arriving now.

더 트레인 이즈 얼라이빙 나우

열차가 지금 도착하고 있습니다.

word arrive 도착하다
now 지금

422

travel [trǽvəl] 트래블 명 여행 동 여행하다

Do you do a lot of **traveling**?

두 유 두 어 랏 어브 트래블링

여행을 자주 가십니까?

word lot 종종, 자주

tree [tri:] 트리 명 나무

There stands a nice **tree** on the hill.

데어 스탠즈 어 나이스 트리 온 더 힐

그 언덕 위에는 멋진 나무가 서 있습니다.

word stand 서다 / nice 멋진
hill 언덕

trip [trip] 트립 명 여행

How long will the **trip** take?

하우 롱 윌 더 트립 베이크

그 여행은 얼마나 오래 걸립니까?

word long 긴, 오래
take 걸리다

truck [trʌk] 트럭 **명** 트럭

The **truck** is in the city.
더 트럭 이즈 인 더 시티
트럭이 도시에 있습니다.

word city 도시

true [truː] 트루 **형** 진실의, 정말인

I bought a puppy that is
true to type.
아이 바덜 어 퍼피 댓 이즈 트루 투 타이프
나는 순종인 강아지 한 마리를 샀어요.

word bought buy(사다)의 과거 · 과거분사
puppy 강아지

try [trai] 트라이 **동** 해보다, 시도하다, 노력하다

Can I **try** it on?
캔 아이 트라이 잇 온
이걸 입어 봐도 될까요?

tulip [tjúːlip] 튤립 명 튤립

The tulip is my favorite flower.

더 튤립 이즈 마이 페이버릿 플라워

튤립은 내가 가장 좋아하는 꽃입니다.

word favorite 마음에 드는
flower 꽃

turn [təːrn] 턴 명 돌기, 돌리기 동 돌다, 돌리다

Turn left at the first corner.

턴 레프트 앳 더 퍼스트 코너

첫 번째 코너에서 왼쪽으로 도세요.

word left 왼쪽
first 첫 번째의
corner 모퉁이

turtle [tə́ːrtl] 털더 명 거북이

The turtle moves very slowly.

더 털더 무브즈 베리 슬로울리

거북이는 아주 느리게 움직입니다.

word move 움직이다
very 아주 / slowly 느릿느릿

twice [twais] 투와이스 📗 두 번, 2회

This word occurs **twice** in the first chapter.
디스 워드 아쿠퍼스 투와이스 인 더 퍼스트 챕터

이 말은 제 1장에 두 번 나옵니다.

word word 말, 낱말 / occur 나오다
chapter 장

twin [twin] 트윈 📗 쌍둥이

He has a **twin** brother.
히 해즈 어 트윈 브라더

그는 쌍둥이 형이 있습니다.

word brother 형

typical [típikəl] 티피컬 📗 전형적인, 대표적인

This is a **typical** Korean dinner.
디스 이즈 어 티피컬 코리언 디너

이게 전형적인 한국 식사입니다.

word dinner 정찬, 저녁 식사

ugly [ʌ́gli] 어글리 〔형〕 추한, 험악한

He is **ugly** but very kind.
히 이즈 어글리 벗 베리 카인드
그는 못 생겼지만 아주 친절해요.

word kind 친절한

umbrella [ʌmbrélə] 언블렐라 〔명〕 우산

Do you know where my
umbrella is?
두 유 노 웨어 마이 언블렐라 이즈
제 우산이 어디 있는지 아세요?

word know 알다
where 어디에

U

uncle [ʌ́ŋkl] 엉클 명 아저씨, 삼촌, 숙부

My uncle is a famous doctor.

마이 엉클 이즈 어 페이머스 닥터

우리 삼촌은 유명한 의사예요.

under [ʌ́ndər] 언더 전 밑에, 아래에

They sit down under a tree.

데이 싯 다운 언더러 트리

그들은 나무 아래에 앉았습니다.

word sit 앉다 / under 아래에
tree 나무

understand [ʌ̀ndərstǽnd] 언더스텐드 동 이해하다, 알아듣다

Do you understand me?

두 유 언더스탠드 미

내 말뜻을 당신은 알겠습니까?

uniform [júːnəfɔ̀ːrm] 유니폼 명유니폼, 제복

The police wear
uniforms.

더 폴리스 웨어 유니폼

경찰은 제복을 입고 있습니다.

word police 경찰
wear 입다

universe [júːnəvə̀ːrs] 유니버스 명우주

We are the small existences
of the **universe**.

위 알 더 스몰 에그지스턴스 어브 더 유니버스

우리는 우주의 작은 존재이다.

word existences 존재, 실재,

U

university [jùːnəvə̀ːrsəti] 유니버시티 명대학교

I was just accepted by a
university.

아이 워즈 저스트 어셉티드 바이 어 유니버시티

대학교에 합격했어요.

word accepted 일반에게 인정된

until [əntíl] 언틸 전 ~까지

Cook **until** all liquid has evaporated.

쿡 언틸 올 리큐드 해즈 아베퍼레이트

모든 액체가 증발될 때 까지 구우세요.

word all 모든 / liquid 액체의
evaporate 증발

up [ʌp] 업 부 위로, 위쪽으로

The goods have gone **up** in quality.

더 굿즈 해브 곤 업 인 퀄러리

상품의 질이 좋아졌습니다.

word quality 질, 품질

upper [ʌ́pər] 어퍼 형 위쪽의, 더 위에 있는

The balloon flies to the **upper** sky

더 벌륜 플라이즈 투 디 어퍼 스카이

풍선은 하늘 높이 올라갔습니다.

word balloon 기구, 풍선
flies fly (날다)의 복수

430

use [juːz] 유즈 동 사용하다, 쓰다

I usually **use** the music program.

아이 유주얼리 유즈 더 뮤직 프로그램

음악 프로그램에 사용합니다.

word usually 보통 / music 음악
program 프로그램

usual [júːʒuəl] 유주얼 형 늘 하는, 평소의

She arrived later than **usual**.

쉬 얼라이브드 레러 댄 유주얼

그녀는 평소보다 늦게 도착했어요.

word arrive 도착하다
later 더 늦게

U

umbrella 우산 **undershirt** 런닝셔츠 **underwear** 팬티 **u-turn** 유턴 **umpire** 심판

❶ umpire •

❷ umbrella •

❸ undershirt •

❹ underwear •

❺ u-turn •

• Do you know where my (　) is?
제 우산이 어디 있는지 아세요?

• He was clad only in his (　).
그는 단지 속옷만 입고 있었습니다.

• You made a (　) without blinkers.
깜빡이도 안 켜고 U턴을 했어요.

• The (　) said the ball was out.
심판이 그 공을 아웃이라고 했습니다.

• He wears a green (　).
그는 초록색 속셔츠를 입고 있습니다.

## 07

연결어

전치사, 접속사

말을 하거나 글을 쓰려면 단어와 단어, 문장과 문장을 연결해 주는 것이 필요한데 바로 단어나 문장을 연결해 주는 말이 연결어이다. 이 연결어에서 중요한 것이 전치사와 접속사인데 전치사는 단어나 구를 연결할 때, 접속사는 절을 연결할 때 사용한다.

Unit 1 전치사

1 전치사의 정의

명사 또는 대명사 앞에 위치하여 형용사 및 부사구를 구성하고 문장 중의 기타 낱말과의 문법적 관계를 나타내는 품사를 전치사(前置詞)라고 한다. 한자의 뜻에서도 알 수 있듯이 전치사란 앞에 놓인 단어라는 뜻이다. 그렇다면 무엇의 앞에 놓인다는 뜻일까?

전치사는 언제나 명사 앞에 놓인다. 명사 앞에 놓여 명사에 장소, 수단, 방향, 조건 등의 뜻을 덧붙여 수식해 주는 단어이며 절대로 홀로 쓰일 수 없고 언제나 명사와 더불어 쓰이는 기생적인 단어라는 것을 꼭 알아두자.

형용사나 부사는 단독으로 쓰여 직접 명사나 동사, 형용사 등을 수식하나 전치사는 단독으로는 수식하는 힘이 없고 반드시 그가 지배하는 명사나 대명사와 함께 전치사구를 형성하여야만 비로소 수식하는 능력이 생기게 된다.

② 시간을 나타내는 전치사

❶ at – 정오, 새벽, 밤 등 구체적 시각, 시점 앞에 쓰인다.

We have lunch at noon. 우리는 점심을 정오에 먹는다.

at 8 o'clock 8시에	at dawn 새벽에
at noon 정오에	at sunset 해질녘에
at night 밤에	at midnight 자정에

❷ in – 오전, 오후, 월, 계절, 연도, 세기 앞에 쓰인다.

It is very hot in summer. 여름에는 날씨가 덥다.

in May 5월에	in Winter 겨울에
in 2013 2013년에	in the 21th century 21세기에

❸ on – 요일이나 날짜, 특정한 날의 앞에 쓰인다.

We play soccer on Sunday. 우리는 일요일에 축구를 한다.

on Sunday 일요일에	on September 1 9월 1일에
on the following day. 그 다음날에	

❹ 그 밖에 시간을 나타내는 전치사

before ~전에	after ~후에
from ~부터	until ~까지
for ~동안에	during ~동안에(특정한 기간)
by ~까지는	since ~이래

3 장소를 나타내는 전치사

❶ at – 대개 좁은 장소(마을이나, 역, 읍) 등에 쓰인다.

We met at the street. 우리는 거리에서 만났다.

at the station 정류장에서	at the airport 공항에서
at the door 문에서	at Jane's house 존의 집에서

❷ in – 대개 넓은 장소(대도시나 국가) 등에 쓰인다.

I live in Seoul. 나는 서울에 산다.

in a park 공원에서	in Brazil 브라질에서
in the see 바다에서	in the world 세계에서

❸ on – 특정 장소의 면을 나타날때 쓰인다.

There is a cup on the desk. 컵이 책상 위에 있다.

on a table 탁자위에서	on a plate 접시에

❹ 그 밖에 시간을 나타내는 전치사

under ~아래로	behind ~가까이에
over ~위에(접촉없이)	above ~위쪽에
by, next to, beside ~옆에	in front of ~앞에
across from ~맞은편에	between A and B A와 B 사이에

Unit 2 접속사

접속사란 문장이나 문장의 일부를 연결하는 역할을 하는 품사를 일컫는다.

① 절(clause)이란 무엇인가?

접속사는 절을 연결할 때 사용하는데 절이란 주어 하나와 본동사 하나로 완성된 의미를 이루는 단위를 말한다. 마침표로 끝나는 단위를 문장이라고 하고 절과 구분한다. 한 문장에 절이 하나인 경우도 있고 두 개, 혹은 세 개인 경우도 있다. 이 중 가장 주축이 되는 구조로 이루어진 절을 주절이라고 하고 그에 의미를 더하고 구조를 복잡하게 하는 절을 종속절이라고 한다.

② 접속사(conjunction)란 무엇인가?

문장 안에서 단어와 단어, 절과 절을 연결하여 문법적인 관계를 명시하는 품사를 접속사라고 한다. 절 두 개가 동등한 개념으로 이어질 때는 등위접속사(and, but, or, so)를 쓰고 한 쪽이 다른 한 쪽에 종속될 때에는 종속접속사(when, if, because, although)를 쓴다. 접속사는 부사의 한 종류이다.

● 주절과 등위접속사

등위접속사란 연결되는 부분들을 대등하게 결합시키는 접속사를 말한다. A and B든 A or B든 등위접속사를 사이에 둔 A와 B는 같은 성질의 말이 나란히 놓인다. 즉 한쪽이 부사이면 다른 한쪽도 부사이고 한쪽이 전치사구이면 다른 한쪽도 전치사구이어야 한다.

Tom and Brown are good friends.

탐과 브라운은 좋은 친구입니다. (단어와 단어의 연결)

436

I go to school by bus **and** by train.

나는 버스와 기차로 통학합니다. (구와 구의 연결)

● and(첨가의 의미)

'그리고', '또한' 등 첨가의 의미를 나타내는 접속사에는 and, also, as, well, in, addition(덧붙여) 등 많이 있다.

You'll have to **wait and see** what happens.

무슨 일이 일어날지는 두고봐야 할 거에요. (동사 and 동사)

I was so busy I missed **lunch and dinner** as well.

나는 너무 바빠 점심에다 저녁까지 걸렀습니다. (명사 and 명사)

● or(선택의 의미)

A or B(A 또는 B)는 A와 B 중에 어느 하나를 선택한다는 뜻이다. 이런 어느 한쪽의 선택의 의미를 나타내는 문구로는 either A or B(A와 B 중에 어느 한쪽)와 neither A nor B(A와 B 중에 어느 쪽도 아니다)등이 있다. or은 부정문에서 보통 nor로 바뀐다.

You can go **right or left**.

오른쪽으로도 왼쪽으로도 갈 수 있습니다.

I've **either** left my bag **on the bus or at the office**.

가방을 버스에 두고 내렸거나 사무실에 두고 왔어요.

● but (대조의 의미)

but은 '그러나' 라는 뜻이다. 그러기 때문에 but을 사이에 두고 양편은 반대되는 내용이이야 하며 but과 같이 대조의 의미를 나타내는 접속사로는 however(그러나), nevertheless(그럼에도 불구하고), yet(그러나) 등이 있다.

Busy as always, **but** it's a nice busy.

항상 바쁘지요, 바쁜 것이 좋잖아요.

However I will buy something nice for you.

하지만 당신에게 무언가 좋은 것을 사주겠습니다.

● so (순접의 의미)

so는 '그래서', '그러므로' 라는 뜻이다. 그래서 so 앞의 내용이 전개한 내용이 so 다음에 이어진다. 이처럼 순접의 의미를 나타내는 접속사에는 therefore(그래서), as a result/in consequence(결과적으로) 등이 있다.

It snowed a lot yesterday, so I was at home all day.

어제는 눈이 많이 와 온종일 집에 있었습니다.

It was too hot, so I opened the window.

너무 더워서 나는 창문을 열었다.

● becuse (이유의 의미)

becuse는 '때문에' 라는 뜻으로 앞의 문장에 대한 이유를 설명해 준다.

I'm hungry becuse I didn't have breakfast.

아침 식사를 하지 않았기 때문에 배가 고프다.

I like spring becuse there are many flowers.

나는 많은 꽃이 있기 때문에 봄을 좋아한다.

vacation [veikéiʃən] 베케이션 圐 방학, 휴가

Did you have a good time on your vacation?

디드 유 해브 어 굿 타임 온 유어 버케이션

휴가는 재미있게 보냈습니까?

word good 좋은
　　　 time 시간

valley [væli] 벨리 圐 골짜기, 계곡

The mountain valley is very deep.

더 마운틴 벨리 이즈 베리 딥

그 산골짜기는 아주 깊습니다.

word valley 골짜기
　　　 deep 깊은

V

vegetable [védʒətəbl] 베지터블 몡 채소, 야채

You've got to eat more **vegetables**.

유브 갓 투 잇 모어 베지터블

야채를 더 먹어야 합니다.

word eat 먹다
more 더 많이

very [véri] 베리 囝 아주, 대단히

She is a **very** able teacher.

쉬 이즈 어 베리 에이블 티처

그녀는 매우 능력 있는 교사입니다.

word able 능력 있는
teacher 교사

victory [víktəri] 빅토리 몡 승리

They set their sights on **victory**.

데이 셋 데어 사이트 언 빅토리

그들은 승리를 목표로 했습니다.

word set 정하다 / sight 겨냥하다

440

video [vídiòu] 비디오 명비디오

This **video** is very interesting.

디스 비디오 이즈 베리 인터레스팅

이 비디오는 아주 흥미 있습니다.

word interesting 흥미 있는

view [vju:] 뷰 명경치

This is a nice **view**.

디스 이즈 어 나이스 뷰

경치가 좋습니다.

word nice 좋은

village [vílidʒ] 빌리쥐 명마을

This is the **village** where I was born.

디스 이즈 더 빌리쥐 웨어 아이 워즈 본

여기가 바로 내가 태어난 마을입니다.

word born 태어난

V

violin [vàiəlín] 바이올린 똉바이올린

You play the violin very well.
유어 플레이 더 바이올린 베리 웰

당신은 바이올린을 아주 잘 연주합니다.

word well 더 할 나위 없이, 훌륭하게
play 연주하다

visit [vízit] 비짓트 똉방문하다

What home did you visit?
왓 홈 디듀 유 비짓트

어느 가정을 방문하였습니까?

word home 가정

voice [vɔis] 보이스 똉목소리

A voice crackled in his mike.
어 보이스 크라클드 인 히즈 마이크

그의 마이크에서 목소리가 흘러나왔습니다.

word crackl 소리나다

volume [váljuːm] 볼륨 명 용적, 부피, 소리

I'd better turn down the **volume**.
아이드 베러 턴 다운 더 볼륨
볼륨을 좀 줄이는 게 낫겠네요.

word better 보다 많이
down 아래로

vote [vout] 보우트 명 투표

His victory hangs on one **vote**.
히즈 빅토리 행즈 온 원 보우트
그의 당선은 한 표에 걸려 있습니다.

word victory 승리
hang 걸다

voyage [vɔ́idʒ] 보이지 명 항해

I hope you'll have a pleasant **voyage**.
아이 홉 유윌 해브어 프레즌트 보이지
즐거운 항해가 되도록 빕니다.

word hope 희망
pleasant 즐거운

V

Viking
바이킹

vest
조끼

vampire
흡혈귀

valley
골짜기

vase
꽃병

exercise **V** 위의 단어를 보고 괄호 안에 들어갈 알맞은 단어를 줄로 이으세요.

❶ vase　　•

❷ vest　　•

❸ vampire　•

❹ Viking　•

❺ valley　•

• The mountain (　) is very deep.
그 산골짜기는 아주 깊습니다.

• (　) ship is very fast.
바이킹 배는 매우 빠르다.

• That (　) in on a wooden base.
그 꽃병은 나무받침 위에 있습니다.

• Wouldn't be all right not to wear this life (　)?
이 구명조끼 안 입으면 안 될까요?

• (　) stories are meant to be frightening.
흡혈귀 이야기들은 무섭게 여겨집니다.

444

wait [weit] 웨이트 동 기다리다

I can't **wait** to see my family.
아이 캔트 웨이트 투 씨 마이 패밀리
내 가족들을 보는 게 너무 기다려져요.

word see 보다
family 가족

wake [weik] 웨이크 동 잠이 깨다, 깨어 일어나다

He usually **wakes** up early.
히 유쥬얼리 웨이크스 업 어얼리
그는 보통 일찍 일어납니다.

word usually 보통
early 일찍

W

445

walk [wɔːk] 워크 **명** 걷기, 산책 **동** 걷다

I used to take a **walk** along the river.

아이 유즈드 투 테이크 어 워크 얼롱 더 리버

나는 그 강을 따라 산책을 했습니다.

word used 늘
along ~을 따라 / river 강

wall [wɔːl] 월 **명** 벽, 담

The **wall** separates the garden into two parts.

더 월 세퍼레이츠 더 가든 인투 투 파츠

담이 뜰을 둘로 갈라놓고 있습니다.

word separates 가르다
garden 뜰 / part 부분

want [wɔ(ː)nt] 원트 **동** 원하다, 하고 싶다

We **want** a small house.

위 원트 어 스몰 하우스

우리는 조그만 집을 원합니다.

word small 작은
house 집

war [wɔːr] 워 명 전쟁

She wrote a novel about the war.
쉬 로우트 어 노블 어바웃 더 워

그녀는 전쟁을 소재로 소설을 썼습니다.

word wrote write(쓰다)의 과거
novel 소설

warm [wɔːrm] 웜 형 따뜻한

Even the winters here are warm.
이븐 더 윈터스 히어 알 웜

이곳은 겨울에도 온난합니다.

word even ~ 라도
winter 겨울 / here 여기

wash [wɑʃ] 워시 동 씻다

Go wash your body.
고 워시 유어 바디

가서 몸을 닦고 오세요.

word body 몸

W

447

waste [weist] 웨이스트 통 낭비하다

Don't **waste** food.
돈ㅌ 웨이스트 푸드
음식물을 낭비하지 마세요.

word food 음식물

watch [wɑtʃ] 와치 명 손목시계 통 지켜보다, 구경하다

I had my **watch** stolen.
아이 해드 마이 와치 스톨런
시계를 도난당했습니다.

water [wɔ́ːtər] 워러 명 물

There is no hot **water** in
my room.
데어 이즈 노 핫 워러 인 마이 룸
내 방에 뜨거운 물이 나오지 않습니다.

word hot 뜨거운
　　　 room 방

448

watermelon [wɔ́ːtərmèlən]
워러메론 명 수박

I like **watermelon** very much.

아이 라잌 워러멜론 베리 머취

나는 수박을 아주 좋아합니다.

word like 좋아하다
very 아주 / much 많은

way [wei] 웨이 명 길, 도로

Which **way** is the shortcut to park?

위치 웨이 이즈 더 쇼커트 투 팍

어느 길이 공원으로 가는 지름길입니까?

word shortcut 지름길
park 공원

we [wiː] 위 대 우리

We felt the house shake.

위 펠트 더 하우스 쉐이크

우리는 집이 흔들리는 것을 느꼈습니다.

word felt 느껴지는
shake 흔들다

W

449

weak [wiːk] 위크 형 약한, 힘없는, 허약한

I am **weak** in mathematics.
아이 앰 위크 인 매쓰매틱스
나는 수학에 약합니다.

word mathematics 수학

wear [wɛər] 웨어 동 입다

I don't have anything to **wear**.
아이 돈ㅌ 해브 애니씽 투 웨어
내가 입을 옷이 하나도 없습니다.

word anything 아무 것도

weather [wéðər] 웨더 명 날씨, 기후

We had fine **weather** yesterday.
위 해드 파인드 웨더 예스터데이
어제 날씨가 좋았습니다.

word fine 좋은, 훌륭한
yesterday 어제

450

week [wiːk] 위크 명 주, 1주일

It takes a **week** for the seeds to sprout.

잇 테이크스 어 위크 포 더 시든 투 스포아웃

싹이 나려면 일주일 걸립니다.

word take (뿌리가) 내리다
seed 씨(앗) / sprout 싹이 트다

weight [weit] 웨이트 명 무게, 체중

Please, reduce your **weight**.

플리즈 리듀스 유어 웨이트

몸무게 좀 줄이세요.

word reduce 줄이다

welcome [wélkəm] 웰컴 동 환영하다

You are **welcome** at our home anytime.

유 알 웰컴 앳 아워 홈 애니타임

저희 집에 언제 오셔도 환영입니다.

word anytime 언제든지

W

451

well [wel] 웰 부 잘, 훌륭하게

She mixes well with boys.
쉬 믹스이즈 웰 위드 보이즈
그녀는 남자 아이들과 잘 어울립니다.

word mix 섞다

west [west] 웨스트 명 서쪽

The sun was sinking in the west.
더 선 워즈 싱킹 인 더 웨스트
해가 서쪽으로 지고 있었습니다.

word sun 태양, 해
sinking 가라앉음

wet [wet] 왯트 형 젖은

It's still wet.
잇츠 스틸 왯
이것은 아직도 젖어 있어요.

word still 아직

452

whale [hweil] 웨얼 명 고래

A **whale** is the largest animal in the world.
어 웨얼 이즈 더 라지스트 애니멀 인 더 월드

고래는 세상에서 가장 큰 동물입니다.

word large 큰 / animal 동물
world 세상

what [hwɑt] 왓 대 무엇, 무슨

What are you looking for?
왓 알 유 루킹 풔

당신은 지금 무엇을 찾고 있습니까?

word looking 탐구

when [hwen] 웬 부 언제

I inquired **when** he would come.
아이 인콰이어드 웬 히 우드 컴

그에게 언제 오는지 물었습니다.

word inquire 묻다
come 오다

W

453

where [hwɛər] 웨어 부 어디에

Where do you live?
웨어 두 유 리브
어디에 사십니까?

word live 살다

which [hwitʃ] 위치 대 어느, 어느 것

Which file did you save it on?
위치 파일 디드 유 세이브 잇 온
어느 파일에 저장해 두었습니까?

word file 파일, 서류꽂이
save 모으다

white [hwait] 와이트 형 흰

There is a **white** rabbit in the cage.
데어 이즈 어 와이트 래빗 인 더 케이지
우리 안에 흰 토끼 한 마리가 있어요.

word rabbit 토끼
cage 우리

454

who [hu:] 후 때 누구

Who do you go skiing with?
후 두 유 고 스킹 위드
누구와 스키를 타러 갑니까?

word go 가다
skiing 스키

why [hwai] 와이 부 왜, 어째서

Why are all the stores closed?
와이 알 올 더 스토어즈 클로우즈드
가게가 왜 모두 문을 닫았지요?

word store 가게
closed 닫힌

will [wil] 윌 동 것이다, 하겠다, 할 것이다

It **will** be slower than normal.
잇 윌 비 슬로워 댄 노멀
평소보다 느릴 것입니다.

word slow 느린
normal 보통의, 평소의

W

455

win [win] 원 통 이기다

I won the race.
아이 온 더 레이스

내가 경주에서 이겼습니다.

wind [wind] 윈드 명 바람

The wind stirs the leaves.
더 윈 스테어스 더 리브스

바람이 나뭇잎을 살랑거리게 합니다.

word stir 움직이다
　　　leaves leaf(잎)의 복수

window [wíndou] 윈도우 명 창문

Shall I open the window?
쉘 아이 오픈 더 윈도우

창문을 열어놓을까요?

word open 열어 놓은

456

windstorm [wíndstɔ̀:rm] 윈즈스톰 명 폭풍

There was a rainstorm on the heels of the windstorm.
데어 워즈 어 레인스톰 언 더 힐즈 어브 더 윈즈스톰

태풍이 분 후 바로 뒤따라 비가 섞인
폭풍으로 변했습니다.

word rainstorm 폭풍우 / heels 말미에

wing [wiŋ] 윙 명 날개

The bird has wings.
더 벌드 해즈 윙즈

새는 날개가 있습니다.

word bird 새

winter [wíntər] 윈터 명 겨울

This winter has been mild.
디스 윈터 해즈 빈 마일드

올 겨울은 춥지 않았습니다.

word mild 온화한, 따뜻한

W

457

wish [wiʃ] 위쉬 동 바라다

I **wish** you all the best.
아이 위쉬 유 올 더 베스트
행운을 빌게요.

word all 전부의
best 가장 좋게

with [wið] 위드 전 함께

Is talking **with** me a bad thing?
이즈 토킹 위드 미 어 배드 씽
나와 함께 이야기하는 것이 나쁜 건가요?

word talking 말을 하는
bad 나쁜

wolf [wulf] 울프 명 늑대

Have you ever seen a **wolf**?
해브 유 에버 씬 어 울프
늑대를 본 적이 있습니까?

word seen see(보다)의 과거분사

458

woman [wúmən] 워먼 명 여자, 여성

You are a very nice **woman**

유 알 어 베리 나이스 워먼

당신은 멋진 여성입니다.

`word` nice 멋진

wonder [wʌ́ndər] 원더 동 놀라다

I **wondered** if I would see you here.

아이 원더드 이프 아이 우드 씨 유 히어

여기서 만나다니 놀라운 일이에요.

`word` see 보다
here 여기에서

wood [wud] 우드 명 목재, 재목

The **wood** glues well.

더 우드 글루즈 웰

목재는 아교로 잘 붙습니다.

`word` glue 아교

W

459

word [wə:rd] 워드 명 단어, 낱말

I tried to say the exact word.

아이 트라이드 투 세이 디 이그젝트 워드

나는 정확한 단어를 말하려고 애썼어요.

word tried try(노력하다)의 과거 · 과거분사
exact 정확한

work [wə:rk] 워크 명일 동일하다

I work as a minister.

아이 워크 에즈 어 미니스터

저는 목사로 일합니다.

word minister 목사

world [wə:rld] 월드 명세계, 세상

I want to travel around the world

아이 원 투 트래블 어라운드 더 월드

나는 세계를 여행하고 싶습니다.

word travel 여행하다
around 여기저기에

write [rait] 라이트 [동] 쓰다

Did you write the book?
디드 유 라이트 더 북

당신이 그 책을 쓰셨나요?

word book 책

wrong [rɔ́ːŋ] 롱 [형] 나쁜, 잘못된, 틀린

What's wrong with this remote control?
왓츠 롱 위드 디스 리모트 컨트롤

이 리모컨 왜 이래요?

word control 지배하다

W

Xmas [éksməs] 크리스마스 몡 Christmas의 축약형

He is trimming a
Christmas tree.

히 이즈 트리밍 어 크리스마스 트리

크리스마스트리를 장식하고 있습니다.

word trimming 장식

xylophone [záiləfòun] 자일러폰 몡 실로폰

He plays the xylophone
very well.

히 플레이즈 더 자일러폰 베리 웰

그는 실로폰을 매우 잘 칩니다.

word play 연주하다
well 잘, 만족히

yeah [jɛ] 에 감 네

Yeah, oh God, do I remember.

에 오 가드 두 아이 리맴버

맞아, 오 신이시여, 기억났어.

`word` remember 생각해내다

year [jiər] 이어 명 해, 년

Happy New **Year** to you!

해피 뉴 이어 투 유

새해 복 많이 받으십시오!

`word` happy 행복
new 새로운

463

yellow [jélou] 앨로우 형 노란색, 노란색의

This flower is yellow.
디스 플라워 이즈 엘로우
이 꽃은 노란색입니다.

word flower 꽃

yes [jes] 예스 동 네, 그렇습니다

Yes. I'd like to have
a beef steak.
예스 아이드 라잌 투 해브 어 비프 스테이크
네, 비프스테이크로 하겠어요.

yesterday [jéstərdi] 예스터데이 명 어제

Yesterday we had the
first snow day in Seoul.
예스터데이 위 해드 더 퍼스트 스노우 데이 인 서울
서울에는 어제 첫눈이 내렸습니다.

word first snow 첫눈
Seoul 서울

yet [jet] 앳 📦아직, 벌써

Nobody has come yet.
노바디 해즈 컴 앳

아직 아무도 오지 않았어요.

word nobody 아무도

you [juː] 유 📦 너, 너희들, 당신(들)

He is as tall as you.
히 이즈 애즈 톨 애즈 유

그의 키는 너만하다

young [jʌŋ] 영 📦젊은, 어린

He is an idol to many young people.
히 이즈 언 아이돌 투 매니 영 피플

그는 젊은이들의 우상입니다.

word idol 우상 / many 많은
young people 젊은이들

zebra [zíːbrə] 지브라 **명** 얼룩말

I saw **zebras** at the Seoul zoo.
아이 쏘 지브라즈 앳 더 서울 즈
나는 서울 동물원에서 얼룩말을 보았습니다.

`word` ZOO 동물원

zoo [zuː] 쥬 **명** 동물원

I'd like to go to the **zoo**.
아이드 라잌 투 고 투 더 쥬
동물원에 가고 싶습니다.

`word` go 가다

466

zebra
얼룩말

zeppelin
비행선

zipper
지퍼

zoo
동물원

❶ zoo •   • I saw (　) at the Seoul zoo.
나는 서울 동물원에서 얼룩말을 보았습니다.

❷ zebras •   • would you help me with the (　) in the back?
등의 지퍼 좀 올려주세요.

❸ zipper •   • Zeppelin Company began work on (　).
제플린 회사는 비행선 제작을 시작했습니다.

❹ zeppelin •   • I'd like to go to the (　).
동물원에 가고 싶습니다.

467

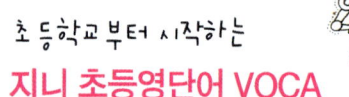

초등학교부터 시작하는
지니 초등영단어 VOCA

2판 8쇄 발행 | 2020년 11월 15일

엮은이 | 영어교재연구원   펴낸이 | 윤다시   펴낸곳 | 도서출판 예가
주소 | 서울시 영등포구 당산동 1가 191-10   전화 | 02)2633-5462   팩스 | 02)2633-5463
이메일 | yegabook@hanmail.net   블로그 | http://blog.daum.net/yegabook
등록번호 | 제 8-216호

ISBN | 978-89-7567-556-0   13740

※ 잘못된 책은 바꿔드립니다.
※ 인지는 저자와의 합의하에 생략합니다.
※ 가격은 표지 뒷면에 있습니다.